次代の学びを創る知恵とワザ

上智大学教授
奈須正裕　著

ぎょうせい

はじめに

この本は、二〇一七年版学習指導要領における学力論、そして新しく整えられた学力をすべての子どもたちに実現する授業やカリキュラム、はたまたそれを生み出し支える教師や学校の在り方について、『新教育課程ライブラリ』と『リーダーズ・ライブラリ』の連載記事を中心に、ここ数年、僕があちらこちらに書いたものをまとめている。

本書の構成について簡単に記しておくと、第一章では、資質・能力を基盤とした教育に関わって是非とも知っておいてほしい、ベーシックな事柄について整理した。第二章では、「学び」という営みの本質に着目して、主体的・対話的で深い学びの実現について理論的・実践的な整理を試みている。第三章では、知識の質という視点から、資質・能力とその育成を眺めてみた。第四章では、カリキュラムで発想するという角度から、今後に求められるいくつかの視点や課題を列挙し、未来への備えとしている。

そんな、よくいえば多岐にわたる、見ようによっては雑多な内容の本なんだけど、それでも何らかの一貫したモチーフがあるとすれば、子どもの「学び」や「知識」に関する科学的な見方を基盤にしていることだろう。有り体に言えば、僕が心理学から出発して教育学をやっているからなんだけど、同時に二〇一七年版学習指導要領の改訂作業において常に大切にされた視点でもあるから、あながち的外れということでもないように は思う。

ちなみに、本書の中で「新学習指導要領」という表現を避け、あえて「二〇一七年版学習指導要領」と書いているのは、この国ではほぼ一〇年おきに学習指導要領の改訂がなされるから、「新」なんて書いても少し経つと「旧」になってしまい、いったいどの学習指導要領のことを話しているのか、わからなくなることがあるからなんだ。

また、その「二〇一七年版」も含め、年号をすべて西暦に統一したのは、僕の今の職場がカトリックの大学で、学内ではすべて西暦ということになっていて、すっかりそれに慣れているからなだけで、特段深い意味はない。

さらには、こんな独特な言葉使いや書きぶりをしているのも単に気分の問題で、これまた深い意味はない。あえていえば、本書の主題なり内容それ自体はいずれも結構重いし小難しいから、語り口くらい軽めでいこうじゃないかということは、まあ考えた。

いずれにせよ、二〇一七年版学習指導要領はなかなかに骨のある、取り組みがいがある仕上がりになっているから、一人ひとりが自分なりの読み解きをして、そこに自分らしい実践創造の筋道を見出してほしい。この本は、その作業の役に立つように書いたつもりではあるけれど、実際にはどうかなあ。目から鱗が落ちるかどうかは自信がないけれど、かかっていた霧を少しでも晴らすことができたらいいなあって、僕は今日も深い霧が立ち込めている信州は蓼科の山の中で静かに願っている。

奈須正裕

二〇一九年一二月二二日

次代の学びを創る知恵とワザ　目次

はじめに

第1章　コンピテンシー・ベイスという思想

第2章　主体的・対話的で深い学びの実現

第3章　資質・能力の育成と知識の質

第1章
コンピテンシー・ベイスという思想

1　子どもの育ちと学力

1

「にらめっこがいい」

知り合いの幼稚園の園長先生から、面白い話を聞いた。

あるクラスで劇をやることになったんだけど、多くの子が主役をやりたがるから、配役がなかなか決まらない。困った先生が「どうやって決めたらいいと思う」って尋ねたら、子どもたちから「じゃんけんで決める」「くじびきで決める」といろんな案が出た。

そんな中、ある男の子が「僕はにらめっこがいいと思う」って言ったんだ。

これを聞いて、あなたはどう思うかなあ。

「みんな配役決めのことで一所懸命頭をひねっているのに、何をふざけてるんだ」って怒ったりしちゃいけないよ。子どもが言うことやすることにはね、必ずやそれなりの意味があるものなんだ。

子どもはこうあるべき、そうでなければ直ちに指導するのが教師の仕事だなんて思っていると、どうしたってイライラすることが多くなる。一方、子どもが言うことやすることには必ずやそれなりの意味がある、だから、まずはその子のことを理解しよう、そしてそこを出発点に、一緒にいられるこのかけがえのない時間を少しでも充実したものにしようという心持ちでいれば、およそ腹が立つなんてことにはならない。

だから、「ふざけてる」なんて頭から決めつけるのはやめにして、どうして「にらめっこがいい」って言うのか、それを知りたいなあって思った方がいい。より実践的にいえば、まずは子どものことを面白がるのが得策なんだ。

実際、こんな場面で「にらめっこ」を持ち出すなんて、なかなかに面白いじゃないか。

そして、面白いと思えば、さらに踏み込んで詳しく聞きたくなる。これは子どもとの間に対等で率直なコミュニケーションを生み出すから、それだけでもいいことずくめだ。先生が自分に関心をもってお尋ねしてくれるんだから、子どもだって嬉しいに違いない。

実際、担任の先生も「面白いことを言い出すなあ」とは思ったものの、なぜ「にらめっこがいい」と言っているのか、そのココロがイマイチ読めなかったから、その子に尋ねた。

「どうして、にらめっこがいいんだって思うの」

すると、その子が大きな黒目を真っ直ぐに先生へと向けて、こう言ったんだ。

「だってさあ、にらめっこだったら、負けた子が笑っているでしょ」

「にらめっこ」にたどり着くまでの思考の軌跡

ほうら、やっぱり本人に詳しく話を聞いてみないとわからない。いやあ、まいった。『笑点』なら「座布団三枚!」と言いたいところだけど、今日のところはそんな風に流すんじゃなくて、しっかり立ち止まって考えてみよう。

きっとこの子の中では、「にらめっこ」の前に「じゃんけん」や「くじびき」だって頭の片隅をよぎっていたに違いない。でも、それじゃあイマイチ弱い。なにかほかにいい方法はないか。そう考えたんだろう。そこがまず、「じゃんけん」や「くじびき」にたどり着いたところでよしとした多くの子たちとは一味違う、この子ならではのありようなんだなあ。

では、なぜさらに一歩先まで思案を進めたのか。推測するに、この子には多くの友達が真剣に主役をやりたがっている気持ち、そして「なれなかったら悲しいな。でも、主役は一人だしな」などと考えてはドキドキしている様子が切実なものとして迫ってきてたんじゃないかなあ。「じゃんけん」や「くじびき」という意見が出る中で、じゃんけんに負けたり、はずれくじを引き当てた時のことを考え、そうなっても耐えようと健気に心づもりをしている気配なんかも、敏感に察知していたかもしれない。そんなみんなの気持ちを何とかうまい具合にまるく収める手はないかって、思案したんじゃないかって思うんだ。

こんな風に目の前の状況を捉え、仲間の気持ちを思いやる中で、ふと「にらめっこ」が浮かんできた。ここまでたどり着くのに、随分と深く、またあれこれと考えを巡らせたに違いない。いずれにせよ、見事な問題解決だ。幼児教育的には素晴らしい「育ち」であり、うちの園の子どもたちもこんな風に育つといいなって、誰しも思うだろう。

この子の「育ち」は「学力」の現れか

さて、この子が成し遂げた思慮深く粘り強い問題解決、そこにおける知性と社会性と情意が絶妙にブレンドされた発揮の姿について、こんな問いを発してみたい。

これは、果たして「学力」の現れだろうか。

「えっ。『学力』。いい『育ち』だけど、『学力』ってのは、ちょっと違う感じがする」

多くの人が、少なからず違和感を抱くんじゃないかなあ。

つまり、伝統的にはこの子の「育ち」、この問題解決について、「学力」という表現はあまり似つかわしくはない、と考えられてきたように思うんだ。また、だからこそ幼児教育では「学力」という言葉はあまり使われてこなかった。遊びや園の暮らしの中で、例示したような「育ち」はしばしば生じているし、それを望み、また積極的に生み出すべく先生たちは環境を整え、懸命に支援してきた。でも、そこで実現された姿について「学力」という言葉で表現することは、あまりしてこなかったように思う。

でもね、この子の姿こそ、幼稚園教育要領も含めた二〇一七年版の学習指導要領、つまり幼稚園、小学校、中学校、高等学校、特別支援学校というすべての学校段階において実現を目指そうとしている「学力」が端的に現れた姿なんだって、僕は思う。

この子は未知の状況に対し、持てる知識や経験を総動員して、極めて個性的で創造的な問題解決策を編み出した。この子は五歳だから、知識といっても生活経験から得たものが足場になっての問題解決なんだけど、もちろん、年齢が上がり、いろんな教科の勉強なんかも進んでくれば、それらを巧みに用いての問題解決になっていくだろうし、それが望まれてもいる。加えて、この子はただ合理的な問題解決を目指すんじゃなくて、その場に居合わせた人たちの感情や対人関係のことも勘定に入れながら、その解決によってすべての人がこの先、よりよくやっていけるような解決を目指している。

これは、大人になって社会の中で生きていく上でもとっても大事なものだし、こういった問題解決が日常生活のさまざまな部面で常に行えたとしたら、なんてステキだろう。実際、仕事だってうまくいくし、地域生活や家庭生活だって円満に進み、誰からも人望を得られるに違いない。このことは、まずもって個人としての充実した人生をもたらす。そして、周囲の人たちを幸せにし、さらに社会をよりよいものにしていくことにもつながっていくだろう。

こう考えると、この姿、この問題解決が「学力」じゃないなら、何が「学力」なんだろうって思ってしまう。なのに、「学力」という言葉はどうも似つかわしくないって、多くの人が感じる。この不可思議なことは、どこから、なぜ生じているんだろう。

つまり、どうも伝統的な「学力」ってやつは、現実に人として生きていく上で大切になってくることとの間に、少なからず乖離があったんじゃないかってことなんだ。そして、だからこそ二〇一七年版学習指導要領では、そんな「学力」の意味合い、いわゆる学力論を大きく質的に拡張しようって話になってきたんだよ。

というわけで、まずはあらためて「学力」ってなんだろうってあたりから、話を始めていくことにしよう。

1-2　今再び、コペルニクス的転回の時

コンピテンシー・ベイスの学力論へ

学力という言葉から、あなたは何をイメージするだろう。国語、算数、理科、社会といった教科、さらには同じ算数でも、数と計算、図形などの細かく区切られた領域の中にお行儀よく収まっている、要素的な知識や技能を思い浮かべる人が多いんじゃないかなあ。

つまり、カリキュラムを構成するそれぞれの領域にあらかじめ配分された要素的な知識や技能を量的にどれだけたくさん、また教わった通りの正確さで所有していて、それをテストの時に素早く再生できるかどうか。それが学力だというイメージなんだろう。こういった学力の見方は、いわゆる領域固有知識、従来の学習指導要領でいう「内容」、英語でいうと「コンテンツ」を基盤としているから、コンテンツ・ベイスの学力論と呼ばれてきた。

ところで、子どもたちは、なぜあんなにも大量の領域固有知識を学校で学ぶんだろう。それは、将来出合うであろう人生のさまざまな困難に対して、学んだ知識を自在に活用し、適切に問題を解決していくために違いない。ところが、実際の問題解決を進める上では、単に領域固有知識をたくさん抱え込んでいるだけではまったく不十分だ。まず、目の前の問題に対し、所有する膨大な知識の何がどのように使えるのかを、迅速かつ的確に判断できないといけない。また、現実の問題場面では学校で教わった通りのやり方で知識を適用できることはまれで、多少なりともアレンジする必要がある。これら、いわゆる思考力や判断力と呼ばれてきた学力の側面が、まずもって欠かせない。

さらに、問題解決に際しては、粘り強く問題解決に取り組む意欲や感情の自己調整能力といった、情意的な能力も大切になってくる。やっぱり最後はやる気なんだって経験は、誰しも持ち合わせているだろう。

加えて、実社会での問題解決は、多様な仲間と力を合わせたり、利害や立場の異なる人たちと交渉しながら進めることの方が一般的だ。そこでは、直面する対人関係的困難を乗り越えるためのコミュニケーション能力や、人間関係の調整能力が決定的な役割を果たすことになる。

このように、学校での学びを実社会・実生活で活かして生きていくには、単に知識を所有しているだけでは不十分で、さらに思考力や判断力、意欲や感情の自己調整能力、コミュニケーションや対人関係の能力が不可欠になってくる。二〇一七年版学習指導要領では、これらを総称して「資質・能力」と呼んでいる。

資質・能力というのは、「有能さ」を意味する学術用語として、教育学、心理学、言語学、経営学などさまざまな学問領域において多様な意味合いで用いられてきたコンピテンシー（competencies）ないしはコンピテンス（competence）を訳出した行政用語なんだ。行政用語というのはいろいろと制限があって、学術用語として用いられていた時の意味合いや文脈をそのまま保持することは難しい。なので、各学問分野の専門家から見た場合、資質・能力という表現にさまざまな不満が出るのは、まあ無理もないことなんだけど、だからといって立ち止まっているわけにもいかないから、多少強引だけれど、ここは先に進むことにしよう。

話を戻して、人生の中で出合うさまざまな問題場面を適切に解決していくには、知識の所有だけではまったく不十分で、さらに多様な資質・能力が必要になってくる。ならば、生涯にわたって優れた問題解決を現に成し遂げていくのに必要十分なトータルとしての「有能さ」、これがコンピテンシーなんだけど、それをこそ学力と考えた方がいいんじゃないか。あるいは、コンピテンシーを中心に学力論を組み直し、そこからカリキュラムや授業を生みだしてはどうか。これが資質・能力を基盤とした教育、コンピテンシー・ベイスの教育の基本的な考え方ということになる。

このコンテンツ・ベイスからコンピテンシー・ベイスへという教育の原理転換は、学力論を大幅に拡張ないしは刷新する。そして、教育に関する主要な問いを「何を知っているか」から「何ができるか」、より詳細には「どのような問題解決を現に成し遂げるか」へと大きく転換することを、必然的に求めることになるだろう。

ホワイトによるコンピテンス概念の提案

すでに述べたように、コンピテンシーなりコンピテンスという概念は、さまざまな学問分野で、またかなり多様な意味合いで用いられてきた。その中でも、今日、教育の世界で用いられている意味合いを考える時、決して見逃すことができないのは、ハーバード大学で動機づけを研究していた心理学者のロバート・ホワイトが、一九五九年に提唱したコンピテンス概念だろう[1]。

まず、ホワイトは、人間は本来的に「有能さ」、つまりコンピテンスを拡大することに向けて動機づけられた存在として生まれてくるって考えた。今日の感覚では「そんなことは当たり前じゃないか」って思うかもしれないけど、当時の心理学では、お腹がすいたとか喉が乾いたといった欠乏状態なり不足感がないと、人間も含めて動物は行動を起こさない、つまり動機づけが生じないと考えていたんだ。

でも、それでは物事を探究するとか、向上心を持って努力するといった行動を説明できない。それはどうにもおかしい。少なくとも人間の動機づけや学習については、もっと異なる説明が必要だって、ホワイトは考えた。

こんな問題意識の下、本来的に人間はどういう存在かと考えるのに好都合なのが、まだ社会的にさまざまな影響を受けていない乳幼児の姿だった。実際、乳幼児を丁寧に観察してみると、お腹がいっぱいで十分に満足していても、自分を取り巻くさまざまなひと・もの・ことに興味を示し、進んで関わりを持とうとしている。ここからホワイトは、人間は生まれながらにして環境内のひと・もの・ことに能動的に関わろうとする傾向性を持っていて、この傾向性がもたらす環境との相互作用を通して、次第に環境に効果的に関わる能力を高めていくと考え、これをコンピテンスと呼んだんだ。

もちろん、こういったことのすべてがホワイトのオリジナルというわけではない。このような思索の背景には、スイスの発達心理学者、ピアジェ以来の学習に関する発達心理学的な見方が存在している。

たとえば、飴玉を見つけた赤ちゃんは、それを口に入れる。飴玉だと知っていて口に入れるんじゃない。環境内の対象への関わり方を心理学ではシェマと呼ぶんだけれど、赤ちゃんは口に入れるのと手でつかむくらいしか、シェマを持ち合わせていないからなんだ。でも、口に入れるというシェマは、こと飴玉に対しては食べ物であるという本質的理解をもたらす適切な関わり方だから、赤ちゃんは甘さを享受しながら飴玉の理解なり把握、いわゆる「同化」に成功する。

別な日、赤ちゃんはビー玉を見つける。飴玉と同様に丸く光るものだから迷わず口に入れるけど、今度は同化できずに吐き出してしまう。ビー玉を同化するには、ビー玉という対象からの要求に突き動かされる形で、つかんだ手のなめらかな動きにより転がせるように、つまり赤ちゃんの方が変わらなくちゃいけない。これをシェマの「調節」という。

このように、すでに持っているシェマによる対象の同化と、対象の要求に根差したシェマの調節を繰り返すことで、赤ちゃんは徐々に身の回りの事物・現象に関する個別的理解を深めていく。と同時に、さまざまな環境に対してより効果的なシェマを獲得・洗練・拡充させていく。実は、これこそが学習の原初形態なんだよ。

ホワイトは、コンピテンスという言葉に二つの意味合いを込めたと解釈できる。それは第一に、生まれながらにして備わっている、環境内のひと・もの・ことに能動的に関わろうとする動機づけ的なエネルギー要因という意味合い。そして第二に、そこから生まれるひと・もの・ことと効果的に関われるという関係的で文脈的な認知能力だ。

そこでは、「知る」とは単に名前を知っていることではなく、対象の特質に応じた適切な「関わり」が現に「できる」こと、さらに個別具体的な対象について「知る」(=関われる)ことを通して、さまざまに応用の効く「関わり方」が獲得され、洗練されていくことが含意されている。つまり、「知る」ことを駆動するエネルギー要因から、「知る」という営みのメカニズム、それを通して結果的に獲得される資質・能力までをも含み込んだ概念としてコンピテンスは提起された。まさに、「どのような問題解決を現に成し遂げるか」を問う概念として、コンピテンスは誕生したんだ。

常識を問い直し、生まれ変わろう

「二〇一七年版学習指導要領の鍵概念である資質・能力、コンピテンシーがそもそもどんなものだったか、よくわかったよ。でも、妙に理論的というか学問的で、難しいなあ。学力論なんていっても、僕たち教師は授業づくりの基礎がわかればいいんだから、もう少しわかりやすく、簡単にならないかい」

僕もできればそうしたいんだ。でも、今回に限っては難しいなあ。たとえば、二〇一七年版の学習指導要領改訂において、その基盤づくりを担った会議体、教育課程企画特別部会が最初に出した報告書である「論点整理」の八ページに、「検討の方向性を底支えするのは、『学ぶとはどのようなことか』『知識とは何か』といった、『学び』や

『知識』等に関する科学的な知見の蓄積である」と書かれていて、実に画期的なことだと僕は思っている。

というのも、すでに欧米では子どもの学習や発達、知識に関する科学的な理論や知見を共通の足場にカリキュラムや授業について議論するのは当たり前のことなんだけど、残念ながら日本ではまだまだ弱い。一九八〇年代くらいからだろうか、教育課程政策の立案に際して認知心理学や学習科学なんかの知見を参照し、時には明示することが、欧米ではごく普通になってきた。かつてイングランドやオーストラリアが、新たなカリキュラムの編成原理を「多重知能理論」に求めると、提唱者のハワード・ガードナーという個人名まであからさまに示して打ち出したのには、正直いって驚いたものだ。

さすがに日本ではそこまでは無理かもしれない。でも、主に大人側の都合に基づいてなされる「これは教えといた方がいい」「いや、この知識だって大事なんだ」といった内容の重要性に関する議論に加えて、その内容を学びの主体である当の子どもがどのように学ぶのかという学習のメカニズムや、学ばれた後に子どもの中でその知識がどのような様相で息づいているかという、知識に関する動的な理解を十分に考えに入れることの共通認識化は、今後の教育課程政策にとって決定的に重要なことだろう。そして、先の文には、これを強力に推進しようという意思が明確に表現されていると、僕は思う。

いずれにせよ、子どもの学びのメカニズムに適合した教育が大いに奏効するのは間違いのないところだから、ここは多少難しくても、がんばって勉強してほしいなあ。

まあ、難しいというより、従来の常識に反するといった方が正確なんだけどね。それこそホワイトの理論でも、「知る」ということについて多くの人が抱いているイメージとは、随分と異なる世界が描かれていたんじゃないかなあ。でも、少し丁寧に子どもたちの様子を観察すれば、たちどころに納得がいくだろう。そして、一旦わかってしまえば、決して難しい理屈なんかではないし、それに基づく教育の具体だってイメージできるようになるに違いない。

つまり、その時代、その社会における常識というのは、永く世界中で信じられてきた天動説が誤りであったように、時として事実に反する。でも、敬虔なキリスト教徒だったガリレオが自身の信仰との葛藤を乗り越えて真摯に語った通り、「それでも地球は回っている」んだからしかたがない。僕たちはそんな子どもの事実に寄り添っていくべきだし、思い切ってそうしてみた先では、「いったいぜんたい、これまで何を悩んできたんだろう」と肩すかしを食らったかと思うほどに、万事がうまく回り出すだろう。

二〇世紀のはじめに、デューイは大人中心から子ども中心へという教育の原理転換を「コペルニクス的転回」と表現した。今、この国が取り組もうとしている学力論の拡張や、それに基づくカリキュラムと授業の刷新は、もちろん中身はデューイが論じたものとはいくらか異なるだろうけど、規模的には同等かそれ以上のものだと、僕は考えている。

今こそ、あなたの中に二一世紀的なコペルニクス的転回を生じさせようじゃないか。それはきっと、あなたとあなたを頼りにしている子どもたちにとって、とてもステキな出来事となるに違いない。

[注]

1 White,R.W. 1959 Motivation reconsidered: The concept of competence. *Psychological Review*, 66, 297-333. 翻訳も出版されている。ロバート・W・ホワイト（著）佐柳信男（訳）『モチベーション再考―コンピテンス概念の提唱』新曜社、二〇一五年

1—3 テストの成績は人生の成功を予測しない

知識の所有は十分条件ではない

前節では、二〇一七年版学習指導要領の中核概念である資質・能力、英語でいうコンピテンシーのルーツについて、ホワイトの考え方を紹介した。本節では、そのホワイトに依拠しつつも、コンピテンシーという言葉を今日広く使われている意味へと転化したデイビッド・マクレランドの仕事を紹介したい。

マクレランドも感情や動機づけを研究する心理学者だったんだけれど、どうも世の中の多くの人たち、わけても教育関係者は、感情や意欲なんかより知識をどれだけたくさん身に付けているかが人生において決定的に重要だと考えていることに気が付いた。でも、本当にそうなんだろうか。誰一人として、そのことを確かめてはいないじゃないか。

こう考えたマクレランドは一九七〇年代に、この問題の実証的検討に着手する。そして、領域固有知識の所有を問う伝統的なテストや学校の成績、資格証明書の類いが、およそ職務上の業績や人生における成功を予測し得ないという、まさに常識に反する驚くべき結果を繰り返し確認した。

たとえば、アメリカ国務省は、海外の任地で図書館を運営したり文化的催しを企画する外務情報職員の人事選考を、経済学や行政学などの専門教養、語学、一般教養なんかのテスト結果、つまりコンテンツ・テストの成績で行っていた。まあ、公務員試験なんだから、そんなところだろう。ところが、それらのスコアと任地での仕事ぶりや業績との間には、ほとんど相関が認められなかった。コンテンツ・ベイスの教育がもたらす要素的知識の単なる所有は、およそ質の高い問題解決の十分条件ではなかったんだ。

非認知的能力の重要性への気付き

じゃあ、何が職務上の業績を予測するんだろう。このさらなる探究に際しマクレランドは、卓越した仕事ぶりを示す職員と凡庸な業績しか挙げられない職員を国務省に選んでもらうと共に、職員に詳細な面接を行った。その結果、次の三つが、卓越した職員と凡庸な職員を区別する要因として見出された[1]。

① 異文化対応の対人関係感受性：異文化に属する人たちが語り、意味することの真意を聴き取る能力、彼らがどう対応するかを予測する能力。

② 他の人たちに前向きの期待を抱く：敵対する人も含め、すべての他者の基本的な尊厳と価値を認める強い信念。さらにストレス下でもこの前向きの信念を保ち続ける能力。

③ 政治的ネットワークをすばやく学ぶ：そのコミュニティにおいて誰が誰に影響を及ぼしており、各人の政治的、権力的立場がどのようなものかをすばやく察知する能力。

①は、高度なコミュニケーション能力なんだろう。もちろん、相手が話す言葉の単語的意味や文法構造の理解は不可欠だよ。でも、ただただそれを量的に高めていけば、対人関係感受性もそれに伴って高まってくるほど単純なものじゃない。一定程度の単語なり文法の知識を前提としつつも、それとは異なる質のものとして、相手の意図や心情を推し量りながら傾聴する態度なり能力を育成する必要があるに違いない。でも、そんな教育を英語科で、それ以前に国語科で、僕たちはどれほどやってきただろうか。

②は、他者に対する寛容さや公正さ、人権意識や倫理感等に加え、意欲や感情の自己調整能力といった、多分に情意的な資質・能力を含んでいる。今後、いよいよグローバル化が進む社会において、どうしようもなく大切なものに違いない。でも、こういった能力の育成を、僕たちのこれまでの学校教育、道徳や特別活動、あるいは社会科や保健体育科あたりまで含めて考えてみても、それで十分といえるだろうか。

③も対人関係的、社会的な態度なりスキルだ。近年、学校では地域教育力の活用が進んでいるけれど、まずどの町会長や役員さんに話を持って行くか。これを間違うと、とんでもなく厄介なことになる。したがって、教頭先生には必須の能力だと僕は思うんだけど、教頭試験でこんなことを見ている都道府県は、まあないだろう。でも、それはマクレランド的に考えれば、大いにバランスを欠いているのかもしれない。

いずれにせよ、これらは大学教育まで含めて、およそ学校で育成されるもののリストには含まれてこなかったか、少なくとも中核的ではなかっただろう。でも、実際の仕事ぶりを左右したのはこれらの要因だし、マクレランドはこれらを、ホワイトに従ってコンピテンスと呼んだ。とりわけ、そこでは意欲や感情の自己調整能力、コミュニケーション・スキルや対人関係能力などの非認知的能力の重要性が強調されている。

マクレランドの発見は、当然の帰結として企業の人事管理や組織経営の在り方に多大な影響を与えていった。コンピテンシーという言葉は、だから経営学なんかでは日本でもごく普通に使われているし、ある程度の規模の企業で経営や人事を担当している人なら、知らない人はいないだろう。大学でも勉強はよくできるし、したがって成績もいいにもかかわらず、就職活動になると思いのほか苦戦する学生がいるけれど、それはすでに企業がコンピテンシーを人事採用の拠り所にしているからなんだ。

こういった変化は、企業に人材を供給する高等教育機関のカリキュラムや評価にも、徐々に影響を及ぼしていく。

大学は学問をするところだし、それでいいって僕なんかも思う。少なくとも、企業就職のための予備校になるのは、まったくよくない。

でも、よくよく考えれば、学問を深める途上において、他者の発言の真意を聴き取る力や、すべての他者に前向きの期待を抱くなんて姿勢を身に付けることは不可能ではないし、そういった資質・能力が身に付けば、学問だっていっそう深まるに違いない。大学教育が伝統的にゼミでの討論を大切にしてきたのも、そういったことと無縁ではないだろう。こういった取組みをもっと自覚的に、あるいは組織的に進めていくことで学生たちにコンピテンシーを育んでいくというのは、だからそんなに無茶な話でも、すっかり新しい話でもないんじゃないかって僕は思うんだ。

ガイダンス・カリキュラム

「なるほど、たしかに現実の職業的な生活や市民としての生活を考えてみれば、むしろ非認知的能力の影響力の方が大きいというのは、実感としてもよくわかる。実際、中学や高校で教科の成績が振るわなかった人だって社会人として立派に暮らしているし、職業的、経済的に成功を収めている人も大勢いるよね」

そうなんだ。もちろん、学校は教科を中心として学問・科学・芸術といった文化遺産を教えるために生まれてきた。でも、それだけでは人は社会的に生きてはいけない。実は、今に連なる学校が誕生した百年から二百年前には、今日でいう非認知的能力は、地域社会における共同体的な暮らしや労働の中で大いに培われていた。そこに、古くは読み書き算、さらには近代科学を学ぶ必要性が生じ、あるいは国民統合や産業振興の観点から、近代国家が学校制度を生み出していった。

そう考えると、学校では領域固有知識を主力とした認知的能力の育成が中心になっているんだけど、それは、学校の外で非認知的な能力が自然と培われていたからでもあるんだ。そして、今日では地域社会にそれを期待することは、残念ながら困難になっている。

でも、そういった資質・能力はマクレランドがいうように、どうしたって必要なものだろう。すると、もはや学校で育成するしか手はない。

「そこまで学校がやる必要があるんだろうか」という気持ちはわかるけれど、仮に学校で育成しないとすれば、こういった資質・能力はそれこそ家庭環境の影響をもろに受けてしまうから、そこには大きな格差が生まれかねない。そして、すでに見てきた通り、非認知的能力は職務上の業績や人生の成功を大きく左右するから、その格差はそのまま社会的・経済的・文化的な格差となり、さらに世代を超えて再生産され続け、あるいはいっそう拡大してしまうだろう。

近年、道徳や特別活動、総合的な学習の時間あたりを核に、さらに教科をも関連づけながら、ガイダンス・カリキュラムなんて名前で非認知的能力の育成を計画的、統合的に進めようという動きがあるんだけど、ここで話してきたような意味合いから、とても大切なことに取り組んでいるじゃないかって、僕は考えている。

もっとも、すっかりのゼロからはじめなきゃいけないわけじゃない。実は非認知的能力の育成において、日本の学校教育は世界に冠たるものをたくさん持っているんだ。

たとえば、海外からのお客さんを日本の学校に案内した時、彼らが一番感嘆の声を上げるのは、小学校一年生の子どもたちが、自分たちだけで給食の配膳を整然と進めている場面だったりする。彼らはミラクルだっていうんだけど、僕らからすれば、長年にわたってやってきたことなわけで、時間をかけて丁寧に指導していければ、誰だってこのくらいのことはできるようになることを知っている。

でも、海外からのお客さんに指摘されてはじめて気が付いたんだけど、そこでは仲間や周囲の様子を見図りながら、今自分がやるべきことを見出し粛々と実行することが求められるわけで、子どもたちには、かなり高度な協働性や社会性、感情なり行動の自己調整能力が育っている。

だから、まずはそういった、すでに実現できている優れた活動や子どもの姿を丁寧に整理していこうじゃないか。すると、そこからおのずと現在の到達点が明らかになってくるだろうし、さらにどんなことに取り組み、何をこそ育てていくべきなのかも見えてくるに違いない。

[注]

1　McClelland,D. 1993 Introduction. In Spencer, L.M.& Spencer, S.M. 1993 *Competence at work: Models for a superior performance*. John Wiley & Sons. pp3-8. 翻訳も出版されている。ライル・M.スペンサー　シグネ・M.スペンサー（著）デイビッド・マクレランド（序文）梅津祐良・成田攻・横山哲夫（訳）『コンピテンシー・マネジメントの展開（完訳版）』生産性出版、二〇一一年

1-4 そもそも「正解」なんかなかった

農業社会から産業社会へ

前節の終わりの方で、「今に連なる学校が誕生した百年から二百年前には、今日でいう非認知的能力は、地域社会における共同体的な暮らしや労働の中で培われていた」と書いた。本節ではこのあたりの事情をお話ししながら、学校と学力論について少し歴史的に考えてみたい。

一八世紀末のイギリスに端を発する第一次産業革命は、それまで永く続いてきた農業社会から、工業生産を中心とした産業社会への移行をもたらす。農業社会では、気まぐれな自然に翻弄される不安定な状況下での生産・労働を余儀なくされていた。しかし、だからこそ人々は身の周りで生じるすべての出来事に注意を払い、自分の目や耳で丁寧に観察し、思慮深く考えを巡らせ、よりよい在り方を求めて常に工夫を怠らず、またお互いに協力して日々の生活や仕事の改善・創造にあたっていた。

農業社会では、人々はただただ誠実に懸命に暮らすだけで、今日でいう非認知的能力はもとより、思考力・判断力・表現力だって、さすがに時代的な限界があるから科学的・合理的というわけにはいかないけれど、結構な水準で身に付けていたと考えていい。このところ、農業生産を学校のカリキュラムに取り入れる動きがあるけれど、それはノスタルジックなものなどではなく、しっかりとした根拠のある取組みなんだよ。また、そういった認識の下、明確な学力論とそれを実現する手立てを携えて実践してほしいなあ。

一方、産業社会は人為に基づく計画的で安定的な生産・労働環境をもたらし、社会全体の富を大きく拡大する。でも、それは同時に、もはや自分の才覚をかけての工夫を求められも認められもしない在り方へと、人々の精神を導く契機ともなった。産業社会は、それを可能とした産業機械のように、単純で定型的な労働を淡々と遂行できる能力と心性を人々に強く求めたんだ。これは、教育に極めて深刻な変化をもたらすことになる。

ペスタロッチの夢

農業社会から産業社会へという変化と、それが子どもの教育環境に与えた影響について、ペスタロッチは教育小説『リーンハルトとゲルトルート』(一七八一～一七八七年)の中で、登場人物に次のように語らせている[1]。

「昔はすべてがずっと単純で、食べてゆくには百姓仕事だけでよかったのです。そうした暮らしでは、学校などいらなかったのです。百姓にとっては家畜小屋や籾打ち場や木や畑が本当の学校だったのです。そして彼の行くところ立ち止まるところ、いたるところにたくさんの為すべきこと学ぶべきことがあって、いわば学校なんかなくても、立派な人間になれたのです。だが今の糸紡ぎの少年たちや、座業やその他、型にはまった仕事でパンをかせがねばならない人たちの場合には、事情はすっかり違っているのです……。

貧しい木綿職人たちはどんなに収益が増え、どんなに保護を受けても、永久にその仕事からは腐敗した肉体と貧しい老齢の他に得るものは何もないでありましょう。そして領主様よ、腐敗した紡ぎ屋のおやじやおふくろが、そのせがれを、秩序のある、思慮深い生活者に育て上げるなどということはできるはずもありませんから、結局残るところは、木綿紡ぎが続く限り、この人たちの家政の貧窮を続かせておくか、それとも学校で、こうした家の子どもたちに、その両親からはもう受けられなくなっているが、しかし絶対に必要欠くべからざるところのものを両親に替って与えるような施設をつくるか、二つに一つしかございません」

ペスタロッチはこのように訴えて、産業革命がもたらした劣悪な教育環境に対応するには、生活教育に取り組む学校の建設によって、農業社会が内包していた教育機能を取り戻すしかないと結論づけた。

このアイデアは、ルソーの『エミール』に端を発するもので、それをペスタロッチが発展させ、さらにフレーベルやデューイへと受け継がれていく。そして、世界各地で草の根の実践運動として展開し、日本でいえば、大正自由教育から戦後の新教育を経て、今日でいう生活科や総合的な学習の時間にまで連なる壮大な流れの基底にある考え方なんだ。

しっかりと地に足をつけて人生を歩み、あるいは自身が主体となって、同じく主体である多様な他者と協働しながら、よりよい生活＝社会を創造していく。そんな学びと暮らしが渾然一体となった活動を中心とした学校教育、それが生活教育というわけなんだよ。生活科や総合的な学習の時間は、この生活教育を、近代科学を基盤とした各教科との有機的なつながりをも図りながら共存・共栄させようとの試みと位置付けることができる。

もっとも、ペスタロッチの時代に実際に生み出された新たな学校の主流となる流れ、それこそが今日の僕らの学校にまで連なる近代学校なんだけど、それは産業革命によって失われたものを回復する方向ではなく、産業革命がもたらした社会構造をさらに先へと加速的に拡大するような学校だった。そして、そこで採用された原理こそが、コンテンツ・ベイスの教育だったというわけなんだ。

アダム・スミスの懸念

今日ごく普通に学校と呼び慣わしている教育機関は、単純で定型的な労働を淡々と遂行できる能力と心性という、まさに産業社会の新たな要請に応えるべく、近代というこの新たな時代のただなかに生まれてきたものにほかならない。そこでは、大人社会が定めた現状における「正解」の量的蓄積と、その型通りの運用を徹底することが中心的課題となる。自らの意思で工夫や創造を試みたり、いわんや疑問を差し挟んだりすることは、時に疎んじられこそすれ、あまり歓迎されはしない。教師に質問を繰り返したが故にわずか三か月で放校処分となったエジソンの逸話は、そんな近代学校に独特な風土を端的に象徴している。

興味深いのは、社会的分業を唱え、資本主義経済社会の理論的基盤を生み出したとされる当のアダム・スミスもまた、この危険性に気付いていたことだろう。彼は『国富論』の第五編第一章において、次のように指摘している[2]。

「分業が進むとともに、労働で生活している人、つまり大部分の人の仕事は、ごく少数の単純作業に限定されるようになり、一つか二つの単純作業を繰り返すだけになることも多い。そして、大部分の人はかならず、日常の仕事から知識を獲得している。ごく少数の単純作業だけで一生をすごし、しかも作業の結果はおそらく、いつも同じかほとんど変わらないのだから、難しい問題にぶつかることもなく、問題を解決するために理解力を活かしたり、工夫をこらしたりする機会はない。このような仕事をしていると、考え工夫する習慣を自然に失い、人間としてそれ以下になりえないほど、愚かになり無知になる。頭を使っていないので、知的な会話を楽しむことも、そうした会話に加わることもできなくなるだけでなく、寛大な感情、気高い感情、優しい感情をもてなくなり、私生活でぶつかるごく普通の義務についてすら、多くの場合に適切な判断をくだせなくなる」

経済学者としてのスミスは、社会的分業は必要であり有益だと考えた。祖国イギリスの発展を考えるとそれしかないと判断したからこそ、スミスは『国富論』を著したんだ。

けれど、同時に倫理学者でもあった彼は、それが人々の精神にもたらしかねない危険性について誰よりも敏感だったし、大きな懸念を抱いていた。残念ながらその懸念は、その後の二百年において、少なからず現実のものとなったといっていいだろう。今、僕たちがコンピテンシー・ベイスという表現でもって改革しようとしているのは、まさにこの部分なんだよ。

今再び「正解」のない教育

そして、今や社会構造は再び転換期を迎えている。産業社会から知識基盤社会へという新たな構造転換だ。知識基盤社会では、産業社会とは対照的に「正解」は存在せず、その状況における「最適解」をその都度自力で、あるいは多様な他者と協働して生み出すべく、知識を豊かに創造し活用する資質・能力がすべての人に求められる。

産業社会を牽引してきた製造業ですら、もはや基本性能の優秀さだけでは十分じゃない。さらに他社や他国との差別化を図るべく、マーケットの潜在的要求をいち早く察知してはそれに具体的な形を与え、あるいは斬新な提案によりマーケット・ニーズを創出する必要がある。そこでは、知的イノベーションこそが富の源泉なんだ。

さらに、今や僕たちの目前には、環境問題、食糧問題、資源・エネルギー問題、貧困と格差の問題、平和と人権を巡る問題など、国境を越えての力強い連帯と賢明な調整を不可避とする、やはり「正解」のない難問が山積している。もはや、世界の歴史は先進工業国家が第一次産業革命以来続けてきた奔放で競争的な開発を許さない段階へと突入していて、持続可能な開発を新たな原理とする教育、いわゆるＥＳＤへの移行は避けがたい。

そこでは、一人ひとりが自立した個人として、同じく自立した個人たる多様な他者と協働し、よりよい社会の在り方を不断に求め続ける中で新たな知識を生みだし、地球規模で流動する状況の変化に創造的に対応していく資質・能力の育成が求められる。

このように、知識基盤社会の到来という不可逆的な世界史的潮流は、教育の原理をコンテンツ・ベイスからコンピテンシー・ベイスへと根こそぎで転換することを、待ったなしで要請しているんだ。

もっとも、農業社会に生きる人たちが一面において高度なコンピテンシーを所用していた可能性を勘案するならば、むしろ産業革命以降の方が特殊な時代であり、今再びそれが本来の在り方へと回帰しようとしているだけなのかもしれない。近代学校の終わりの始まりという地点に今、僕たちは立っている。

もしかすると、はるか後世の人々が描く教育の歴史では、「正解」の量的蓄積とその型通りの運用を「学力」と見なし、さらに教科ごとに分断した上でわずか数十分のテストで測っては、そのスコアで人生の行方から時には人間の価値まで決めてしまおうなどという愚挙の世界的蔓延が、永い人類史上一八世紀終盤から二一世紀初頭にかけてのわずか二百数十年間にのみ存在した、と記されるかもしれない。多分にSF的ではあるけれど、カリキュラムと授業の今後を展望するには、今やこのくらいのイマジネーションを携えることが不可欠になっているんじゃないかなあ。

[注]

1　ペスタロッチ（著）田尾一一（訳）『リーンハルトとゲルトルート』玉川大学出版部、一九六四年（現在は絶版。なお、引用箇所の訳出については、さらに、梅根悟『世界教育史』新評論、一九八八年、二七七－二七八頁を参考にした）

2　アダム・スミス（著）山岡洋一（訳）『国富論　国の豊かさの本質と原因についての研究（上・下巻）』日本経済新聞社出版局、二〇〇七年

1

5 学習の転移は簡単には生じない

優れた問題解決者を育てるコンテンツ・ベイスの論理

ここまで、従来型の教育が抱える問題点をあれこれと見てきたけれど、実はコンテンツ・ベイスの教育も子どもを「歩く百科事典」にしようとしたわけじゃない。コンピテンシー・ベイスの教育と同様に、子どもを優れた問題解決者にまで育て上げることを目指していたと、僕は考えている。

だって、そうだろう。親も教師も、さらには社会だって、子どもの頭をコンテンツの缶詰にすればいいなんて思うはずがないじゃないか。当然、子どもたちの社会的成功、人間的成長、よりよい社会創造への貢献を願ってきたに違いない。そしてそのためには、人生の中で出合う数々の困難、そこでの多種多様な問題解決に際し、自分はもとより多様な他者にとって少しでも望ましい解決を粘り強く多角的に模索し、現に成し遂げられるようになることが大切だって、誰しも考えるだろう。

では、コンテンツ・ベイスとコンピテンシー・ベイスの分かれ目はどこにあるかというと、この教育の原理的な課題というか目標をどのような筋道で達成できると考えるか、その違いにあると僕は思う。

コンテンツ・ベイスの教育では、それが文化遺産として遺された普遍的に価値ある知識や技能の選りすぐりを習得させることで可能になると考えてきた。なぜなら、学問・科学・芸術といった文化遺産は、永い歴史の中で人類が成し遂げてきたもっとも偉大にして洗練された革新的問題解決の成果として、そこで新たに生み出された知識や技能が後生に遺され、集成し体系化されたものにほかならない。ならば、そういった知識や技能を子どもに習得させておけば、先々彼らはそれらを適宜上手に活用し、同様の優れた問題解決を成し遂げながら人生を生きていくだろうって期待したんだよ。

すると、カリキュラムや授業づくりの戦略としては、各文化遺産の体系に照らして重要と思われる知識や技能の選りすぐりを、基礎からはじめてできる限り高度なものまで数多く正確に教えることが基本方針となる。いうまでもなく、これこそが教科の成り立ちであり、編成原理ということになる。

このような論理を背景に持つからこそ、コンテンツ・ベイスの教育はその成果を確認するのに「何を知っているか」を問うことで事足れりとしてこられた。つまり、「何を知っているか」それ自体にも十分に価値はあるんだけど、さらにそのことがほぼ自動的に「どのような問題解決を現に成し遂げるか」を保障し、ひいてはその子の将来における社会的成功や人間的成長、よりよい社会の創造を予測すると信じてきた。だからこそ、領域固有知識の教授と習得状況の確認が学校と教師にとって最大の関心事であり、力の入れどころでもあり続けてきたんだ。

この論理が事実に照らしてあやしいことは、1-3で紹介した、コンテンツ・テストの成績が人生の成功を予測しないというマクレランドの研究からもすでに明らかなんだけど、ここではさらに別な角度から考えてみたい。

実質陶冶と形式陶冶

誰しも、子どもに教えた領域固有な知識や技能それ自体がその領域の学習や問題解決に直接的、特殊的に効果や有用性を持つ、この考え方を「実質陶冶」っていうんだけど、この実質陶冶は至極当然のこととして、さらに学びの成果が他の領域にも拡がり、生きて働いてほしいと願っているだろう。

たとえば、数学はその知識の習得に際し、子どもに厳密な形式論理的思考を要求する。すると、その過程では論理性や思考力が培われ、それらは図形や数量以外の、それこそ政治や経済のような社会的事象の構造的理解や批判的思考にも礎を提供するんじゃないかと考えたくなる。実際、数学を将来において直接的に必要とはしない文科系の高校生にも必修とする根拠として、同様の論理はしばしば持ち出されてきた。この理屈でもって先生に説得され、心のどこかでは「なんかおかしいなあ」と思いつつも、しぶしぶ勉強をがんばったって経験のある人は少なくないんじゃないかなあ。

このような、領域固有知識それ自体は仮に有用性が低くとも、その学習を通して思考力や創造性など汎用性のある資質や能力が鍛えられ、ひいては当初の狭い領域を超えて幅広い分野の学習や問題解決の質を高めるという考え方を「形式陶冶」という。

もう、おわかりだろう。「何を知っているか」がほぼ自動的に「どのような問題解決を現に成し遂げるか」を保障するというコンテンツ・ベイスの教育の論理は、この形式陶冶の考え方を暗黙の前提に据え、頼りにしてきたんだ。

形式陶冶の歴史は、古代ギリシャにまで遡る。人々は重いバーベルが筋力を鍛えるように、算術や幾何学などの難解な学問を修めることが一般的な知能と推論能力を高めると考えた。文字通りの「頭の体操」なんだけど、同様の主張は歴史上何度も繰り返し唱導されてきている。たとえば、少し前にも脳科学の専門家がこんなことを書いているのに出くわした。

「脳も、手足の筋肉とまったく同じです。毎日、ランニングするのと同じように、計算問題を解き続けると、脳のいろいろな場所が活発に働くようになります。すると、脳のいろいろな場所がきたえられます。たくましい脳になると、脳をうまく使うことができて、いろいろな、もっとむずかしい問題を解くときも、じょうずに解けるようになるのです」[1]

新しい装いによる形式陶冶論であり、その論理は紀元前と何ら変わるところがない。少し前に流行った百マス計算や古典文学の暗唱など、読み書き算の機械的反復を正当化するのに、この「脳も筋肉」という論法が常套的に用いられているのは、すでにみなさんもお気付きの通りだ。

古代ギリシャで生まれた形式陶冶論は、その後ヨーロッパの人々に受け継がれていく。彼らは一八世紀までに、文法、論理学、ラテン語、ギリシャ語などを形式陶冶に資する学問のリストに追加して拡充させ、その影響は二〇世紀に至るまで根強いものがあった。今でも、イギリスの名門進学校のことをグラマー・スクールっていうだろう。あれは、ラテン語のグラマー、つまり文法を教える学校、文法学校っていう意味なんだ。

もっとも、中世ヨーロッパで最初の大学が生まれた一二世紀からしばらくの間は、大学の講義はすべてラテン語で行うのが普通だったから、ラテン語の学力はそれこそ実質陶冶的に不可欠だった。ところが、次第にそれぞれの国の母語で大学の授業がなされるようになっても、高等教育を受けるにはラテン語が必要だとされ続けた。

ラテン語やギリシャ語はすべてのヨーロッパ言語の源であり、また言語は学問の基礎だから、ラテン語やギリシャ語の学習はヨーロッパで成立したすべての学問を効果的に習得する礎をなすと考えられたんだ。これは典型的な形式陶冶論といっていい。それくらい、形式陶冶の考え方は教育の世界で力を持ってきたし、今だって結構な力をもち続けている。そして、この流れの先に今日の教科を中心とした学校教育、つまりコンテンツ・ベイスの教育も位置付く。

学習の転移と教育測定運動

しかし、形式陶冶論は事実に照らしてどこまで正しいのか。脳はどこまで筋肉であり、頭の体操はどれほどの有効性を持っているんだろう。

これは、心理学でいう学習の「転移」に関わる問題になってくる。学習の転移というのは、先行する学習と後続する学習の間で生じる、何らかの影響の及ぼしあいを指す言葉だ。たとえば、中高での英語学習は大学でのフランス語やドイツ語の学習を促進し、一定量の学習を節約する効果をもたらす。たしかにそういった効果はあるけれど、では、その規模なり範囲はいったいどのくらいのものなのか。あるいは、似たような知識を学んだがゆえに、かえって以前の学習が混乱してしまう、つまり後続の学習が先行する学習を損なうような転移、これを負の転移というんだけど、そういう複雑なことだって起こりうる。

このように、転移は学習や教育の価値なり効用に関わる重大な問題なんだけど、ギリシャ時代以来、人々は永年にわたって特に明確な証拠もなく、促進的な学習の転移が比較的容易に、また広範囲にわたって生じると信じてきた。

これに対し、二〇世紀初頭のアメリカで、数量的な科学的実証を持って教育に関する意思決定を行うべきだとする教育測定運動が起こる。その中心人物だったソーンダイクは、学習の転移を暗黙の前提とする形式陶冶論にも十分な科学的証拠がないことに気付き、その検証に乗り出す。

形式陶冶論が正しければ、ラテン語を習得した生徒は他の教科をより速く学習できるはずなんだけど、検証の結果、そのような証拠は何一つ見出されなかった。この結果は形式陶冶論を否定するものであり、信じられてきたほどには学習の転移が容易に、また広範囲にわたって生じはしないということを指し示している。

もっとも、同時にソーンダイクは、二つの学習内容が類似している場合には、ある程度学習の転移が生じることを報告してもいる。彼は転移がもたらす学習の節約効果は、学習内容相互の類似性に依存すると考えた。実際、英語学習が第二外国語の学習にもたらす転移の効果は、単語や文法など多くの類似点を持つフランス語においてより高く、類似点が少ない中国語やロシア語では低いだろう。そう考えれば、ラテン語の学習が語学以外の教科の学習に促進効果をもたなかったことも、十分に納得がいくんじゃないかなあ。

A問題とB問題の落差の原因

学習の転移を巡る論争は、その後もさまざまな角度から精力的に進められた。そこでは実に多様な議論や発見があったんだけど、非常に大雑把にまとめるならば、心理学は一九七〇年代までには転移はそうそう簡単には生じないし、その範囲も限定的で、少なくとも何かしらの知識や技能を習得してさえいれば、それが有用な場面に出合うと常に自動的に発動され、問題解決なり学習を推進してくれるといったことはおよそ期待できないというあたりに落ち着いている。

このことは二〇〇七年、文部科学省が四三年ぶりに実施した全国規模の学力テスト、全国学力・学習状況調査におけるA問題とB問題の成績の間に示された、圧倒的なまでの落差というか乖離からも明らかだ。

たとえば、同じ平行四辺形の面積に関する知識を適切に用いれば正答できる問題であるにもかかわらず、授業で教わった通りの尋ねられ方をするA問題の正答率が九六%だったのに対し、図形が地図中に埋め込まれたB問題では、一気に一八%まで低下した（図1-1）。

当時、この結果に驚きを隠せなかった人が多かったように記憶しているけれど、すると人々は、転移は割と簡単

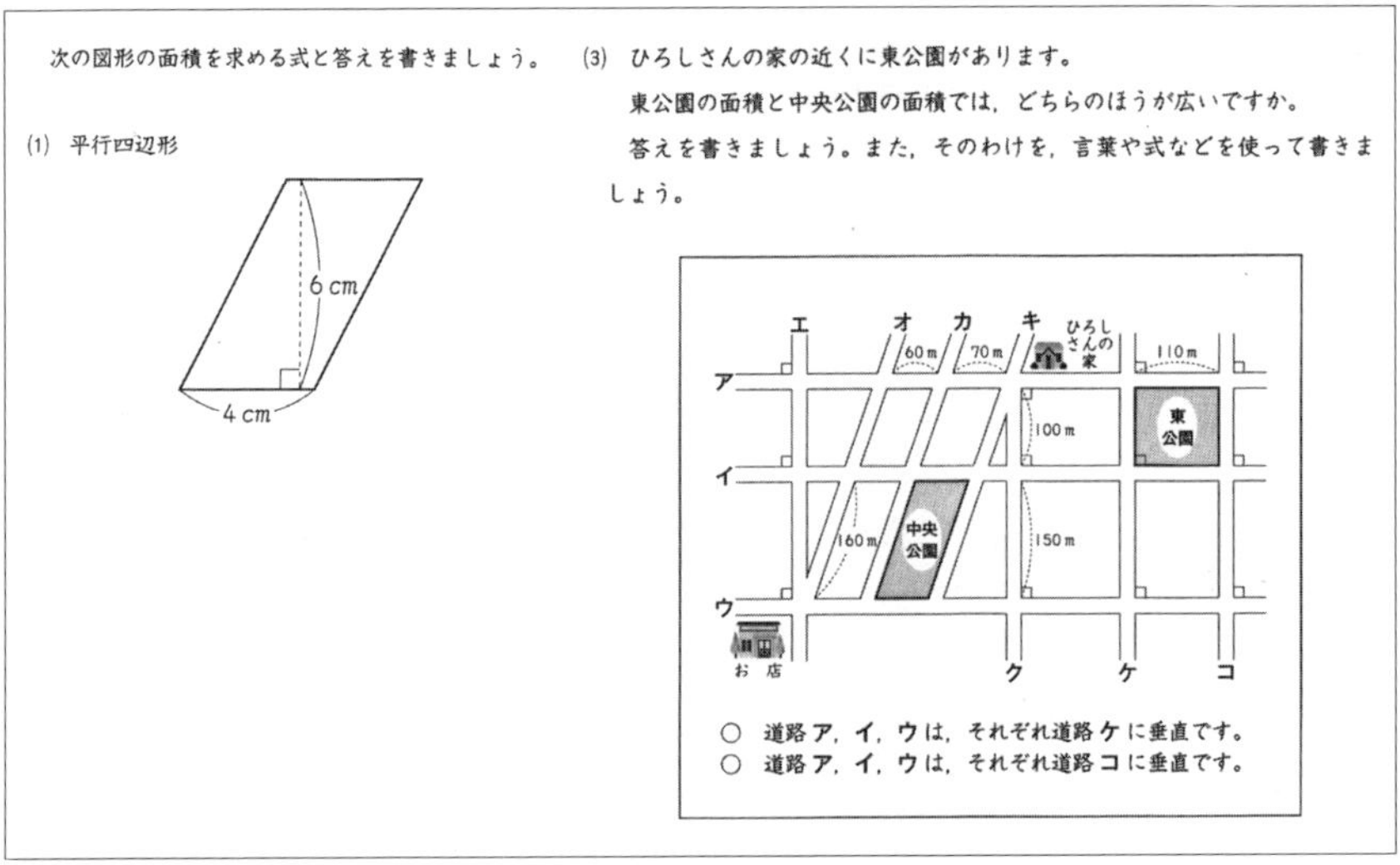

次の図形の面積を求める式と答えを書きましょう。
(1) 平行四辺形

(3) ひろしさんの家の近くに東公園があります。
東公園の面積と中央公園の面積では，どちらのほうが広いですか。
答えを書きましょう。また，そのわけを，言葉や式などを使って書きましょう。

○ 道路ア，イ，ウは，それぞれ道路ケに垂直です。
○ 道路ア，イ，ウは，それぞれ道路コに垂直です。

図1−1　６年生算数のA問題（左）とB問題（右）
（2007年度全国学力・学習状況調査）正答率：A問題96%、B問題18%

に生じるし、その範囲も結構広いと考えていたに違いない。でも、この間の研究結果が示唆する通り、B問題の低迷ぶりは当然の帰結であり、特に驚くような出来事ではないんだ。

さらには、A問題的な質でなされた学習がB問題的な水準にすら十分には転移しないことを考える時、数学学習が論理性や思考力を鍛えるという例の常套句についても、慎重に向かい合う必要がある。

たしかに、数学学習は数量や図形を扱う上での論理性や思考力を高めるだろう。でも、同じことがどこまでの拡がりを持つのか。たとえば、僕の周りにも数学の専門家は何人もいるけれど、彼らが二四時間、すべての生活領域において論理的に思考して暮らしているかというと、う〜ん、まあ人それぞれかなあ。少なくとも数学的事象以外の対象の取り扱いに関して、数学を専門としない人々との間に、残念ながら格段の違いを僕は実感しないんだ。

つまるところ、「何を知っているか」がほぼ自動的に「どのような問題解決を現に成し遂げるか」を保障するという、コンテンツ・ベイスの教育が暗黙裏に前提としてきたような無制限・無限定な学習の転移は、カリキュラムや授業づくりがよって立つ基盤とするには、やや脆弱に過ぎるということなんじゃないかと僕は思う。そして、たとえ意に沿わなかったり都合がわるかったりしたとしても、事実に即さない予断は、捨て去るなり修正するしかないだろう。

ここで、「いや、A問題ができれば十分なんだ」と言うのなら、もちろんコンテンツ・ベイスのままでも構わないけれど、そういう人は子どもの頭をコンテンツの缶詰にすればいいと思っているに違いない。かくいう僕は、すべての子どもを優れた問題解決者にまで育て上げたいと念じている、つまり、教育の目標に対する考え方がすっかり異なるから、そういう人とはこれ以上の議論は不可能ということになる。さて、あなたはどうしますか。

〔注〕

1　川島隆太『自分の脳を自分で育てる』くもん出版、二〇〇一年、二二頁

1―6 子どもに開かれた教育課程

科学的な目で子どもの事実を見つめ直そう

繰り返しになるけれど、二〇一七年版学習指導要領が何とも画期的なのは、教育課程に関する議論の足場を子どもの学びのメカニズムや知識の在り方に関する科学的研究の蓄積に求めた点だと、僕は思う。コンピテンシー・ベイスの考え方も、まさにそこから出て来る。というか、子どもの学びのメカニズムや知識の在り方を事実に即して突き詰めていくと、どうしたってコンピテンシー・ベイスの教育に到達せざるを得ない。

ちなみに、ここで「事実」と呼んでいるものが、僕たちが何となく思い込んでいたものとは大きく異なるってこともまた、何度も繰り返して見てきた通りだ。逆にいえば、科学的な目でしっかりと「事実」を確認しないまま、何となく僕らが思い込んでいる学びや知識に関する通俗的観念に沿って考えていくと、コンテンツ・ベイスの教育へとたどり着くことが多い。もっとも、それにしたところで、近代というわずかここ二百年ほどの歴史的経緯の中で僕たちもまたそう思っているというか、思い込まされてきたのに過ぎないってことは、1―4でお話しした通りだ。

そんなわけだから、今回ばかりはしっかりと理論的な、あるいは歴史的な勉強をしてもらわないことには、改訂の全体像というか、それがよって立つ基盤を、少なくとも構造的にはつかみきれないと思う。すると、たとえば「『対話的な学び』というのは小グループでワイワイやることらしい」などというとんでもない誤解にたどり着き、結果的に授業の質をかえって下げてしまうだろう。そして、「やっぱり基礎・基本が大事なんだよ」なんてアナクロなことを言い出しては、せっかく到来した好機、さらには子どもたちの大切な成長の可能性を閉ざしてしまいかねない。

ここまでの「論点整理」

まあ、そうならないように、少しでも助けになればと思って僕も書いているわけだけど、ここで簡単に、これまでの復習をしておこう。

まず、1－2では、本来的に「知る」とは単に名前を知っていることではなく、対象の特質に応じた適切な「関わり」が現に「できる」こと、さらに個別具体的な対象について「知る」ことを通して、さまざまに応用の効く「関わり方」、つまりコンピテンシーが獲得され、洗練されていくことだというのを、乳幼児の学びの事実に即して確認した。

1－3では、すっかり当てになると思われてきたコンテンツ・テストの成績が、実際には将来の社会的成功を十分に予測し得ないこと、そして質の高い問題解決を成し遂げるには、さらに非認知的能力が大きな役割を果たしていることを見てきた。

1－4では、ではなぜそんな、いわば「コンテンツ信仰」が僕らの心の中に巣くっているかというと、それは農業社会から産業社会へという社会構造の転換の中で、「正解」の量的蓄積とその型通りの運用ができる人材が急速に求められてきたからに過ぎず、知識基盤社会への移行が生じている今日では、それはもはや通用しないということを指摘した。

そして1－5では、コンテンツ・ベイスの教育は、コンテンツさえ教えておけば、子どもは後々それらを上手に活用して問題解決しながら人生を歩んでいくと考えてきた、つまり無前提・無限定での学習の転移を暗黙裏に想定してきたんだけど、実際には学習の転移はそうそう簡単には生じないから、コンテンツ・ベイスの教育では子どもを質の高い問題解決者にまで育て上げるのは困難だという最終結論に達した。

世界のトレンドとしての資質・能力育成

ならばいっそのこと、生涯にわたる洗練された問題解決の実行に必要十分なトータルとしての「有能さ」の実現を最優先の課題として、学校教育を抜本的にデザインし直した方がいいんじゃないか。1-2でも述べたように、これが資質・能力を基盤とした教育、コンピテンシー・ベイスの教育の基本的な考え方なんだ。

それは、教育に関する主要な問いを「何を知っているか」から「何ができるか」、より詳細には「どのような問題解決を現に成し遂げるか」へと拡張ないしは転換させる。そして、学校教育の守備範囲を知識・技能の習得に留めることなく、それらをはじめて出合う問題場面で効果的に活用する思考力・判断力・表現力などの汎用的認知スキルにまで高め、さらに粘り強く問題解決に取り組む意欲や感情の自己調整能力、直面する対人関係的困難を乗り越える社会スキルといった非認知的能力へと拡充すること、すなわち学力論の大幅な刷新を求めるだろう。知識・技能についても、暗記的な状態から概念的な意味理解へ、要素的でバラバラな状態から相互に関連づき、全体として統合された在り方へと、その質を高めようとの動きが活発になってきている。

世界的な動向として見ていくならば、まず、一九九七年から二〇〇三年にかけてOECDのDeSeCoプロジェクトがキー・コンピテンシーを提起し、PISAをはじめとする国際学力調査に導入した。一方、EUはキー・コンピテンシーを独自に定義し、域内における教育政策の共通的基本枠組みとする。北米では二一世紀型スキルと

表1－1　諸外国の教育改革における資質・能力目標（国立教育政策研究所　2013）

<table>
<tr><th colspan="2">DeSeCo</th><th>EU</th><th>イギリス</th><th>オーストラリア</th><th>ニュージーランド</th><th>（アメリカほか）</th><th></th></tr>
<tr><th colspan="2">キーコンピテンシー</th><th>キーコンピテンシー</th><th>キースキルと思考スキル</th><th>汎用的能力</th><th>キーコンピテンシー</th><th>21世紀スキル</th><th></th></tr>
<tr><td rowspan="3">相互作用的道具活用力</td><td>言語、記号の活用</td><td>第1言語
外国語</td><td>コミュニケーション</td><td>リテラシー</td><td rowspan="3">言語・記号・テキストを使用する能力</td><td rowspan="2"></td><td rowspan="3">基礎的なリテラシー</td></tr>
<tr><td>知識や情報の活用</td><td>数学と科学技術のコンピテンス</td><td>数字の応用</td><td>ニューメラシー</td></tr>
<tr><td>技術の活用</td><td>デジタル・コンピテンス</td><td>情報テクノロジー</td><td>ICT技術</td><td>情報リテラシー
ICTリテラシー</td></tr>
<tr><td colspan="2" rowspan="5">反省性（考える力）
（協働する力）
（問題解決力）</td><td rowspan="5">学び方の学習</td><td rowspan="5">思考スキル
（問題解決）
（協働する）</td><td rowspan="5">批判的・創造的思考力</td><td rowspan="5">思考力</td><td>創造とイノベーション</td><td rowspan="5">認知スキル</td></tr>
<tr><td>批判的思考と問題解決</td></tr>
<tr><td>学び方の学習</td></tr>
<tr><td>コミュニケーション</td></tr>
<tr><td>協働</td></tr>
<tr><td rowspan="3">自律的活動力</td><td>大きな展望</td><td rowspan="2">進取の精神と起業精神</td><td rowspan="6">問題解決
協働する</td><td rowspan="2">倫理的行動</td><td rowspan="2">自己管理力</td><td rowspan="2">キャリアと生活</td><td rowspan="6">社会スキル</td></tr>
<tr><td>人生設計と個人的プロジェクト</td></tr>
<tr><td>権利・利害・限界や要求の表明</td><td rowspan="4">社会的・市民的コンピテンシー
文化的気づきと表現</td><td rowspan="4">個人的・社会的能力
異文化間理解</td><td rowspan="4">他者との関わり
参加と貢献</td><td rowspan="2">個人的・社会的責任</td></tr>
<tr><td rowspan="3">異質な集団での交流力</td><td>人間関係力</td></tr>
<tr><td>協働する力</td><td rowspan="2">シティズンシップ</td></tr>
<tr><td>問題解決力</td></tr>
</table>

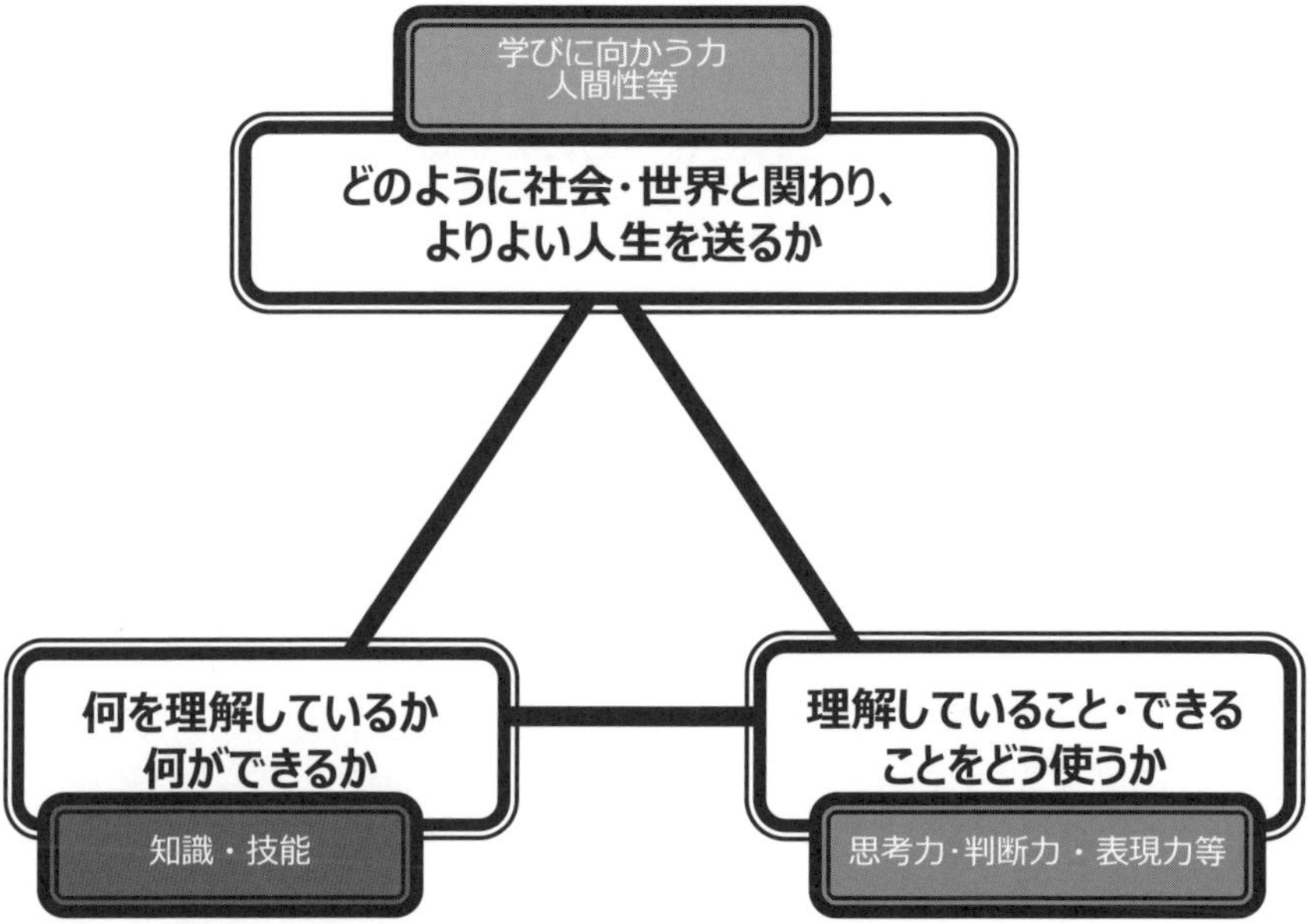

図１−２　資質・能力の三つの柱

いう名称の下、主に評価を巡って検討が行われ、その成果は後にＰＩＳＡにも反映された。このような動きはイギリスやオーストラリア、ニュージーランドなどにも波及し、現在、多くの国や地域で資質・能力に基づくカリキュラム開発や教育制度の整備が進められている。

日本の文教政策に関する公的シンクタンクである国立教育政策研究所のプロジェクト・チームは、諸外国の動向を前頁の表１－１のように整理した[1]。そして、資質・能力を基盤とした各国の新しい学力論が、①言語や数、情報を扱う基礎的なリテラシー、②思考力や学び方の学びを中心とする高次認知スキル、③社会や他者との関係やその中での自律に関わる社会スキル（上記の非認知的能力に相当）の三層に大別できると結論づけている。

二〇一七年三月三一日より順次告示された学習指導要領も、この流れの中に位置付く。そこでは、学校が実現を目指すべき学力論が、生きて働く「知識及び技能」、未知の状況にも対応できる「思考力、判断力、表現力等」、学びを人生や社会に生かそうとする「学びに向かう力、人間性等」からなる「資質・能力の三つの柱」として整理された（図1－2）。それは、これまで見てきたような学習と知識に関する近年の学術的な研究動向と、当然のことながら対応している。

教育課程企画特別部会の「論点整理」に「検討の方向性を底支えするのは、『学ぶとはどのようなことか』『知識とは何か』といった、『学び』や『知識』等に関する科学的な知見の蓄積である」と書かれているのは、まさにそういうことなんだ。つまり、資質・能力を基盤とした教育や、その学力論を具体化した資質・能力の三つの柱は、認知心理学や学習科学をはじめとする、近年における学習や知識に関する学術的な研究の知見にしっかりと「底支え」されている。

その意味で、二〇一七年版学習指導要領は「社会に開かれた教育課程」であると同時に、「子どもに開かれた教育課程」でもあると僕は思う。資質・能力を基盤とした教育を求める動きが日本だけのものじゃなく世界の大きなうねりであるのも、このことが理由なんだよ。

したがって、これは間違っても一時期の流行り廃りなんかではありえない。少なくとも次期の学習指導要領改訂で、この基本的な考え方がすっかり雲散霧消するなんてことは、およそ考えられないんだ。だから、ここは是非ともじっくりと腰を据えて、長期戦でカリキュラムの開発や授業の改善に取り組んでほしいって、僕は思う。

［注］

1　国立教育政策研究所「社会の変化に対応する資質や能力を育成する教育課程の基本原理」（平成二四年度プロジェクト研究調査研究報告書、二〇一三年、一三頁）

1-7 コンピテンシーが目指す未来

包摂的で持続可能な未来の創造という価値観

二〇一七年版学習指導要領も含め、コンピテンシー・ベイスの教育では、学力論をその根本から見直し、大幅な拡張と刷新を進めてきた。そこでは、生涯にわたる洗練された問題解決の実行に必要十分なトータルとしての資質・能力の育成が目指される。しかし、資質・能力の育成、すなわち、洗練された問題解決が実行可能となるところで留まっているようでは、教育の計画、すなわちカリキュラムの構想としては今一歩といわざるを得ない。さらに、実現された問題解決の実行可能性を何のために、どのように用いるのかについても、しっかりと展望すべきなんじゃないかなあ。

この点について、OECDの「二〇三〇年に向けた学習の枠組み（The Learning Framework 2030)」[1]では、地球全体のwell-beingの実現、つまり、すべての人々が個人的にも社会的にも健やかに生きることができる未来の創造を、教育が目指すべき最終目標としている。そして、それを支えるものとしてコンピテンシー、つまり資質・能力が位置付けられている（図1-3）。

ここで大切になってくるのが、包摂的で持続可能な未来（inclusive and sustainable future）の創造という価値観なんだ。先進国を中心に経済を優先した開発を進めてきた結果、現在、地球上には格差の拡大や環境の破壊などさまざまな問題が生じている。これら、開発を巡る数々の問題を理解し、望ましい開発の在り方を考え、すべて

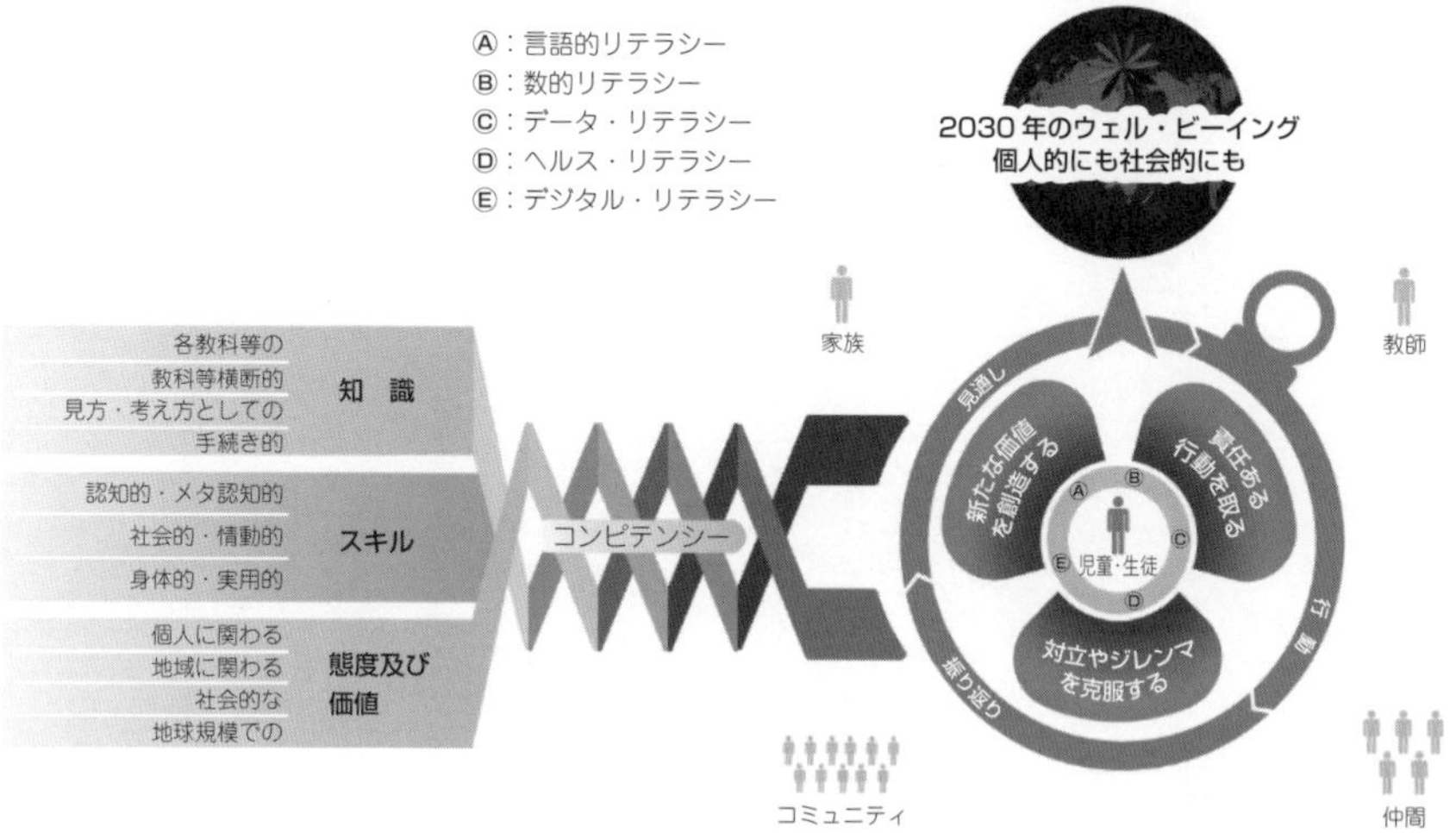

図1−3　OECD 2030年に向けた学習枠組み

の人が共生できる公正な地球の未来を創造する営みに参画することが今、僕たちに、そして子どもたちに求められている。

二〇一七年版学習指導要領等でも、同様の理解に基づき、幼稚園から高等学校に至るすべての前文に、次のような記述がなされた。

「一人一人の児童が、自分のよさや可能性を認識するとともに、あらゆる他者を価値のある存在として尊重し、多様な人々と協働しながら様々な社会的変化を乗り越え、豊かな人生を切り拓き、持続可能な社会の創り手となることができるようにすることが求められる」（小学校学習指導要領前文）

幼稚園から高校まで一貫して、今後におけるこの国の学校教育は、子どもたちを「持続可能な社会の創り手」とすることを目指して計画され、実施されていくということを、この一文は高らかに宣言している。

このように、国際的にも国内的も、すべての人々が個人的にも社会的にも健やかに生きることができる未来の創造、より具体的には包摂的で持続可能な未来の創造ということになるんだけど、これを最終的に目指すべき価値観としてこれからの教育は構想され、展開されていくことになるだろう。

よりよい学校教育を通じてよりよい社会を創る

「なるほど。とてもいいことだと思うよ。是非、そんな学校教育、そして子どもの学びや育ちの実現をみんなで目指していきたいって、僕も思ったなあ。でも、ちょっと心配なのは、果たして学校教育に社会を変える、社会を動かす力なんて、そもそもあるんだろうか。また、学校がそんな大それたことを目指してもいいのかなあ。社会が学校教育に注文をつけるっていうのは、まあわからないでもないし、これまではむしろそれでやってきたようにも思う。その原理というか関係を、いくぶんなりとも変えることになるんじゃないかって思うんだけど、そのあたりはどうなんだい」

いい質問だね。ＯＥＣＤの枠組みにも現れているように、コンピテンシー・ベイスの教育は個人や学校や各教科等に閉ざされたものではなく、広く社会に開かれ、よりよい世界の在り方を求める価値観の中で絶えず検討され続けられるべき性格を帯びている。

この点に関して二〇一七年版学習指導要領は、「社会に開かれた教育課程」という理念を打ち出した。思えばこの表現自体が、従来の学校教育がいかに閉ざされていたかを雄弁に物語っている。そのような在り方から脱却し、学校教育を抜本的に改革する強い意志が、この言葉には凝縮されている。

社会に開かれた教育課程に関わって、二〇一六年一二月二一日の中央教育審議会答申が具体的に挙げているのは、次の三点だ（答申、一九〜二〇頁）。

①　社会や世界の状況を幅広く視野に入れ、よりよい学校教育を通じてよりよい社会を創るという目標を持ち、

教育課程を介してその目標を社会と共有していくこと。

② これからの社会を創り出していく子供たちが、社会や世界に向き合い関わり合い、自らの人生を切り拓いていくために求められる資質・能力とは何かを、教育課程において明確化し育んでいくこと。

③ 教育課程の実施に当たって、地域の人的・物的資源を活用したり、放課後や土曜日等を活用した社会教育との連携を図ったりし、学校教育を学校内に閉じずに、その目指すところを社会と共有・連携しながら実現させること。

このうち、③については以前からいわれていることで、実践的にはまだまだ不十分な点もあるんだろうけど、理念としては特に新しいものではない。

対して、①と②に示された考え方は極めて斬新だ。まず、②の「これからの社会を創り出していく子供たち」が、先に示した前文の「持続可能な社会の創り手」と呼応していることは、いうまでもない。その上で、①の「よりよい学校教育を通じてよりよい社会を創る」という表現について考えてみよう。

学校教育と社会の関係を巡っては二つの考え方があると、教育学では整理されてきた。

一つは、その時代の社会が要請する人材を過不足なく適切に供給できるよう、社会の変化に遅れることなく、しっかりと付いていくのが学校教育の任務であるという考え方で、社会的効率主義と呼ばれてきた。

もう一つの考え方は、教え・育てた子どもたちが次世代の社会を主体として創出するという筋道を介して、学校教育は社会の変化を先導して生み出すというもので、社会改造主義と呼ばれる。

「よりよい学校教育を通じてよりよい社会を創る」という表現は、明らかに社会改造主義的な色彩を帯びている。このことは、従来の学校教育が、ともすれば社会的要請に従属・追随しがちだったことを考え合わせるならば、大きな方針転換といっていいだろう。これからの学校には、主体として積極的に社会に関わり、変化を生み出すことが期待されているんだ。

もちろん、それは学校だけが先走って一方的に社会を改革するということじゃない。「社会や世界の状況を幅広く視野に入れ」ながら、また「社会と共有」しながら慎重に進めていくんだ。つまり、社会に開かれた教育課程とは、よりよい社会、それは先に見た包摂的で持続可能な社会を基本理念とするわけなんだけど、学校はその実現を社会と共に目指していく。そして当然のことながら、その営みの中核をなすのが教育課程なんだって考え方を、社会に開かれた教育課程という理念は表現しているんだよ。

先には、包摂的で持続可能な未来の創造という価値観が、学校教育においてカリキュラム全体を基礎付けることを確認した。社会に開かれた教育課程という理念はこれをさらに一歩先へと進め、学校がこれまで以上の積極性と主体性を持って社会との間によりよいパートナーシップを形成し、包摂的で持続可能な未来の実現に向けて一定の役割を果たしていく必要があることを明示したものなんだよ。もはや、学校は社会の変化に付いていくだけの存在じゃない。これからの学校は、社会の変化を生み出していく存在なんだ。

両刃の剣としてのコンピテンシー・ベイス

すでに一九七〇年代にマクレランドが指摘した通り、単なるコンテンツの所有の程度は人生における成功を十分には予測しない。学校は懸命にコンテンツを教えてきたけれど、その成否は子どもたちの将来に決定的な影響を与えるほどの力は持たなかったんだ。

この事実は、学校教育の無効性を示唆するものであり、コンピテンシーという概念は、この限界を超えるべく生まれてきた。つまり、コンピテンシーは人生における成功を予測する要因として周到に整備され、さらにカリキュラムや教育実践を導く原理として洗練されてきた。

したがって、仮にコンピテンシーに焦点化した教育の実施が奏功した時、それは子どもたちを人生における成功へとダイレクトに導く。それが原理的に可能であると示せたこと自体は望ましいことであり、学校教育の有効性を下支えするという意味でも意義深いと考えられてきた。

でも、このことは同時に、個々の子どもの人生に対し、コンピテンシー・ベイスの教育がコンテンツ・ベイスの教育とは桁違いの影響力、支配力を持ちかねないことをも示唆する。そして、教育は常に奏功するとは限らないし、またその成果において大きな差異を生じかねない。

つまり、コンピテンシー・ベイスの教育は両刃の剣なんだ。それは、実はなまくら刀に過ぎなかったコンテンツ・ベイスの教育とは、すっかり異なる景色を教育の世界に現出させるに違いない。より具体的には、すべての優劣や差異を超えた根源的な人間尊厳を学校教育の基底に据えることが、コンピテンシー・ベイスの教育にとって必須の要件だってことが明らかになってくる。まずもって個々の学校や教室の日常を、ＯＥＣＤの枠組みや学習指導要領の前文がイメージする、包摂的で持続可能な多文化共生社会とすることが求められているんだよ。

もし、そうしなければ、コンピテンシー・ベイスの教育は、子どもたちの間にこれまで以上の格差や断絶、対立を生み出すことになるだろう。そしてそれは、コンピテンシー・ベイスの教育が本来的に目指してきたはずの、地球全体の well-being の実現、すべての人々が個人的にも社会的にも健やかに生きることができる未来の創造とは、すっかり逆の方向に教育が向かうことを意味する。

もっとも、これまで見てきたように、これからの学校教育が、よりよい学校教育を通じてよりよい社会を創るという理念の下、包摂的で持続可能な未来の創造を本気で目指していくのだとしたら、まずは当の学校や教室の日常がそのような風土となっていくのは、あまりにも当然の要件であるともいえる。

もちろん、実践的にはそれは容易なことではないかもしれない。しかし、その方向に向けて最初の一歩を歩みだす以外に僕たちが進む道はないし、ここで見てきたように、少しずつではあるかもしれないけれど、その機運は高まっているように僕には思える。

なにより、学校をそんな場所にすることができたなら、それは子どもたちから熱烈に歓迎されるだろう。子どもたちは、いつだってそんな学校で学びたいって願っているんだよ。ならば、大変でも前に進むのが学校であり教師なんじゃないかって、僕は思う。

[注]

1　OECDの「二〇三〇年に向けた学習の枠組み（The Learning Framework 2030）」については、http://www.oecd.org/education/2030-project/contact/　から英語版、日本語、フランス語版、中国語版が入手できる。日本語版は以下の場所にある。

http://www.oecd.org/education/2030-project/about/documents/OECD-Education-2030-Position-Paper_Japanese.pdf　（二〇一九年一〇月一四日最終閲覧）

1-8 「見方・考え方」を働かせて学ぶということ

対象と方法

ごく普通に「この教科は何をするんですか」と尋ねると、理科なら「自然の事物・現象を扱う」、国語科なら「言葉や文章について必要な事項を教える」といった答えが返ってきそうだ。しかし、各教科等は取り扱う対象や領域と共に、それらにどうアプローチするかという認識や表現の方法、二〇一七年版学習指導要領でいう「各教科等の特質に応じた『見方・考え方』」によっても明確に特徴づけられる。

たとえば、理科は自然の事物・現象を対象とするけれど、輪廻転生は教えない。「だって、輪廻転生は間違っているから」と理科教師は言うんだろうけど、近代科学主義なり実証主義という認識論的立場に立つからそういう判断になる。哲学や宗教、文学や芸術から見れば、輪廻転生というアイデアには大きな可能性があり、現にそれに依拠して美的創造を成し遂げ、あるいは幸せな人生を送った人々は、歴史的に見ても膨大な数に上るだろう。

実際、同じ学校教育でも国語科なら佐野洋子作の『一〇〇万回生きたねこ』を教材文にし、「どうしてねこは死んだのか」を学習問題に議論したりするんだけど、これはファンタジーという世界観なり方法論を基盤にしてこそ成立する。一方、サイエンスに立脚する理科では、それは荒唐無稽な議論として退けられるし、国語科でも教材文がネコに関する説明文であれば、やはりそうはしないだろう。

このように、それぞれの教科等には、知識や価値や美を生み出す独自にして根拠のある方法論がある。しかも、それらの間に優劣をつけることなんかできやしない。サイエンスから見れば、ファンタジーは荒唐無稽な絵空事に映るかもしれないけれど、ファンタジーという形式や方法でしか描くことができない人生における重要な真実もまた、確実に存在する。また、だからこそ学校ではさまざまな教科を教えているんだ。

文部科学省は「各教科等の特質に応じた見方・考え方」の英訳として、a discipline-based epistemological approach を用いてきた。discipline には規律や訓練といった意味もあるんだけど、この場合は学問分野を意味する。しかも、同じ学問分野でも対象や領域ではなく、その分野に固有な原理原則や独自な方法論を強調する表現が discipline なんだ。

また、epistemological とは認識論的、つまり世界をどのように見るか、そして知識や価値や美をいかに生み出すかということになる。したがって、a discipline-based epistemological approach とは、その教科に独自な方法論を基盤とした認識論的アプローチという意味になり、話してきたような理解と符合する。そして、それこそが「見方・考え方」が具体的に指し示すものなんだって考えればいい。

対象適合的な「見方・考え方」

ところで、なぜ理科は近代科学的な「見方・考え方」で自然の事物・現象にアプローチするんだろう。それは、永年にわたって人類が自然の事物・現象に対しさまざまな挑み方をした末の現状における到達点として、こと自然の事物・現象に関する限り、どうも近代科学的なアプローチがもっとも多くの豊かな実りをもたらすらしいとの認識が、広く社会的なコンセンサスを得ているからなんだ。

つまり、各教科等の「見方・考え方」は、その教科等が主に取り扱う対象に対し、現状においてもっとも適合的なものが選択され、体系化されている。この対象適合的な「見方・考え方」を働かせて個別・具体的な対象にアプローチするからこそ、それに見合った「思考力、判断力、表現力等」や「学びに向かう力、人間性等」が培われ、もちろん「知識及び技能」もまた、適切かつ着実に習得できる。

と同時に、理科の学習を通して育まれる近代科学という認識論や方法論は、自然の事物・現象以外の、たとえば社会事象に対しても大いに有効でもある。実際、僕たちは自然科学のような厳密なやり方ではなく、多分に擬似的かもしれないけれど、「条件制御」や「系統的な観察」など近代科学が編み出した知識生成の発想や道具立てを、社会事象の理解や予測にも日常的にさまざまに適用し、随分とその恩恵にあずかってきた。それどころか、汎用的スキルと呼ばれるものの多くも、その実相は、特定の教科等の「見方・考え方」として鍛えられたものの、他の領域や対象への適用にほかならない。

このように、その教科等の学びを深く豊かなものとし、資質・能力を十全に育むために、まずは各教科等の中で、しっかりと「見方・考え方」を育むことが大切なんだ。さらに、それらを当初の領域や対象以外にも適用する機会を設け、どのような場合に、どのような理由でそれが効果的なのかを感得できるようにすることで、その教科等ならではの「見方・考え方」は、さまざまな問題場面で自在に活用の効く汎用的スキルへと進化を遂げていくだろう。

『大造じいさんとカルガモ』

では、その教科等ならではの「見方・考え方」を存分に働かせて対象に肉薄し、学びを深める子どもの姿とは、たとえばどんな様子なんだろう。また、その際、教師はどのように子どもを支援していけばいいのか。具体的な事例で考えてみたい。

五年生のその子は、生き物が大好きな典型的な理科少年だった。とりわけ鳥に関心と造詣が深く、社会科で水産業の勉強をしている時にだって、漁師さんが海鳥の様子を手がかりに漁場を決めるなんてことを調べてきて、授業の中で報告するくらいなんだ。

そんな彼が国語科の『大造じいさんとガン』の学習に際し、この作品をまずは生物学的に考察しようと思い立ったのは、ごく自然なことだったに違いない。

ところが、いざ探究を始めてみると、さまざまな疑問がわいてくる。まず、二年間にわたり、大造じいさんはタニシを餌として罠を仕掛けるんだけど、ガンは基本的に草食性で、タニシを食べることはまずない。また、ガンと戦ったとされるハヤブサは、最大翼長一二〇センチの中型の猛禽類で、一・八キログラム以下の獲物を捕獲する。一方、ガンは最大翼長一六五センチ、体重二キログラム以上にも達する大型の鳥であり、ハヤブサの餌としては大きすぎる。

彼は大いに思案し、ガンと似た水鳥でタニシを食べるという条件には雑食性のカモが該当すること、さらにハヤブサに襲われるという点を勘案すると、カモの中でも小型で雑食性の強いカルガモの可能性が高いとの結論に達した。つまり、彼によると、この作品の表題は『大造じいさんとカルガモ』でなければならない。家庭学習ノートに、彼は次のように記している。

「大造じいさんとガンで、一番読者の心に残るのは、ハヤブサとガン（残雪）の戦う場面でしょう。しかし、ハヤブサとガンが大きさ的に戦うわけがなく、きっと、大造じいさんはカルガモをガンと間違えたのでしょう」

科学的に迫ったからこそ立ち上がる問い

このように考える子どもは、物語学習が暗黙の前提とする文学的な世界観やその独自な論理展開といった「見方・考え方」に馴染むことができず、国語嫌いになりやすい。ところが、彼はその後のノートに、次のように書いている。

「椋鳩十の書く話は生物学的に言えばおかしい点もあるが、文学的に読むと、かなりおもしろいです。どうしておもしろいかというと、椋鳩十はすぐれた文章力を持っているからです。

椋鳩十の話はいきいきとしていて、命の輝きが感じられます。読者をぐいぐいと話へ引き込んでいく。僕もそんな文章が書きたいと思い、大造じいさんとガンを読んでみると、面白いことに気が付きました。椋鳩十は、セリフに印象的な言葉をたくさん入れているのです。これは『片耳の大鹿』でもそうです。（中略）

明らかに椋鳩十の文章は他の文章と違います。椋鳩十と同じく動物ばっかり書いているシートンとも違います。終わり方も印象的です。椋鳩十はセリフの用い方が特殊で、その特殊なところがいいんです」

主要な登場人物であるガンをカルガモと取り違えるという過ちは、彼の感覚からすれば致命的であり、その一点において、この作品の価値が無に帰す可能性すらあっただろう。にもかかわらず、一旦作品を読み始めると、そんな自分が「ぐいぐいと」話へ引き込まれていくのを体感する。

ここに、彼ならではの問いが生じた。なぜ、「生物学的に言えばおかしい」作品に引き込まれるんだろう。この切実な問いに答えようとする中で、科学的なアプローチとは異なる対象への迫り方、具体的には文学的な「見方・考え方」に、自分が知らず知らずのうちに立っていたことに気付く。

だからこそ、あえて「文学的に読むと」と断っているんだよ。ハナから文学的に読んでいる子どもからは、この表現は決して出てこない。まずは生物学的に読んだ彼だからこそ、文学的に読もうとしている自分が意識化されたんだ。

そして、文学的な「見方・考え方」を働かせて作品に迫ったからこそ感じられるおもしろさがある。それは科学的な「見方・考え方」でアプローチした際に得られるものと同じくらい価値あるものであり、さらに両者は併存しうる。

このことに気付いた彼は、さらに鋭角的に探究を深めていく。そして遂に、椋鳩十の「セリフの用い方」に着目し、その「特殊なところ」によさがあると結論付けたんだ。これは、椋鳩十が書いた『大造じいさんとガン』というテキストを、「セリフ」という根拠を挙げつつも、彼が彼ならではの観点と感性から解釈し価値付けた読みであり、国語科でいう「読者論」的なアプローチといえるだろう。

しかし、探究はそれで終わらない。この発見が真実かどうかを、さらに別の角度からも検証していくんだ。そして、特殊な「セリフの用い方」は、『片耳の大鹿』など他の椋鳩十作品にも共通する特質であり、しかも「同じく動物ばっかり書いている」シートンなど他の作家とも異なることを見出す。

この追加的分析は、国語科でいう「作品論」「作家論」的な読みであり、トータルで見た場合、文学的な方法論を存分に駆使した、国語科の王道を行く探究といえるだろう。と同時に、科学的な「見方・考え方」を働かせる迫り方を基本とし、身上とする彼だからこそ成し得た探究でもあるように、僕には思えてならない。

そこを起点に伸びていく

興味深いのは、生物学的に検討するという、国語の物語学習としては異例というか異端ともいうべき迫り方をしたことが、かえって文学的なアプローチを採ることの意味の自覚化を促し、結果的に国語科的に見ても執拗にして的確な探究をもたらしたことだろう。

注目すべきは、最初の家庭学習ノートに対する教師の朱書きだ。「ハヤブサが大きさ的にガンと戦うわけがなく、きっと、大造じいさんはカルガモをガンと間違えたのでしょう」と書いてきた彼に対し、担任は「よく調べましたね。○○くんらしい学びのつくり方です」と称賛している。

単に調べたという事実を称賛しているんじゃない。それがこの子らしい「学びのつくり方」、つまりここを起点として、彼ならではの筋道でさらに学びを深めていくことを期待し、またそうなるよう支援していこうとしているんだよ。

物語に対しては、ハナから文学的に読もうとする子が大多数だろう。しかし、中には科学的に迫ろうとする子もいる。ここで、それは物語の読み方としてふさわしくない、あるいは間違っていると言い渡し、文学的に読むよう指導する教師は、決して少数派ではない。それどころか、真剣な眼差しで「科学的に検討したい」と言ってきた子どもに、それはナンセンスだと決めつけ、笑ってしまう教師もいるかもしれない。

しかし、本人は至って真剣であり、それを否定したり笑ったりすることは、せっかく育とうとしている「学びに向かう力」を削ぎ、後にその教科等ならではの「見方・考え方」へと意識を向かわせる可能性を閉ざしかねない愚行なんだ。

むしろ、この事例が示唆するように、その子ならではの「見方・考え方」を存分に働かせた対象に対する迫り方を、そこを起点に今まさに伸びていこうとしている育ちのエネルギー源、かけがえのなさとして大切に扱いたい。そして、今後この子が学びを深めていく筋道を予測し、寄り添い、必要に応じて支えていくことが、教師として真に為すべきことなんじゃないかって、僕は思う。

1－9 「見方・考え方」のルーツを探る

三つの視点と学力の三層構造論

知り合いの指導主事から、二〇一七年版学習指導要領を巡って、多くの先生方が「よくわからない」って首をひねっている言葉の最右翼は、「各教科等の特質に応じた『見方・考え方』」だって話を聞いた。

それがどんなものかってことは1－8に書いた通りで、まあわかってしまえばそんなに難しくはない。それに、「見方・考え方」という概念や言葉自体は、「科学的な見方・考え方」のように、ずっと以前からしばしば使われてきてもいる。

とはいえ、正確を期するのは大切なことだから、ここではそのルーツを確認しておこう。二〇一七年版学習指導要領で用いられている「見方・考え方」の直接的なルーツは、二〇一二年一二月から二〇一四年三月までの足掛け三年もの長きにわたり、「次期学習指導要領に向けての基礎的な資料を得る」べく「資質・能力」について検討を進めた、「育成すべき資質・能力を踏まえた教育目標・内容と評価の在り方に関する検討会」に求めることができる。

文部科学省内に設置されたこの検討会は、二〇一四年三月三一日に「論点整理（主なポイント）」を出すんだけど、そこでは「日本でも比較的早い時期から『生きる力』の理念を提唱しており、その考え方はOECDのキー・コンピテンシーとも重なるものであるが、『生きる力』を構成する具体的な資質・能力の具体化や、それらと各教科等の教育目標・内容の関係についての分析がこれまで十分でなく、学習指導要領全体としては教育内容中心のものとなっている」とし、「より効果的な教育課程への改善を目指すためには、学習指導要領の構造を、育成すべき資質・能力を起点として改めて見直し、改善を図ることが必要」であると結論づけられている。これがまあ、二〇一七年版学習指導要領の改訂作業における基本的枠組みになったと考えていいだろう。

そして、「現在の学習指導要領に定められている各教科等の教育目標・内容を以下の三つの視点で分析した上で、学習指導要領の構造の中で適切に位置付け直したり、その意義を明確に示したりすることについて検討すべき」としている。

ア　教科等を横断する汎用的なスキル（コンピテンシー）等に関わるもの

①汎用的なスキル等としては、例えば、問題解決、論理的思考、コミュニケーション、意欲など

②メタ認知（自己調整や内省、批判的思考等を可能にするもの）

イ　教科等の本質に関わるもの（教科等ならではの見方・考え方など）

ウ　教科等に固有の知識や個別スキルに関するもの

注目すべきは、「ア　教科等を横断する汎用的なスキル（コンピテンシー）等に関わるもの」と、「ウ　教科等に固有の知識や個別スキルに関するもの」の間に、「イ　教科等の本質に関わるもの（教科等ならではの見方・考え方など）」が位置付いているという構造それ自体だろう。つまり、コンピテンシーとコンテンツという、ともすれば対立しかねない二つの学力側面を、教科等の本質が仲立ちし、有機的に結びつける関係になっている。このことは、三つの視点が、単に検討すべき視点が三つ存在することを示す以上に、学力をこのような三層構造で考えると

いう、学力論に関する新たな視座を提供していることを意味している。

教育学には、コンテンツ重視の系統主義とコンピテンシー重視の経験主義の対立という頑迷で厄介な図式があるわけなんだけど、三つの視点が示す学力の三層構造は、この図式を軽々と乗り越え、アウフヘーベンしてしまう潜在的な力がある。そんなわけで、僕はこの三層構造論にすっかり惚れ込んでいて、さらにこれを発展させるべく、仲間と共に学術的・実践的にあれこれとやってきた。関心がある人は、『知識基盤社会を生き抜く子どもを育てる』『教科の本質から迫るコンピテンシー・ベイスの授業づくり』を読んでみてほしい[1]。

学力論のグローバル・スタンダード

検討会が解散した後、二〇一四年一一月二〇日に大臣諮問があり、学習指導要領の改訂作業がスタートする。そして、二〇一六年一二月二一日に中央教育審議会の答申が出され、二〇一七年三月から順次、学習指導要領が告示されていった。

中教審での議論は、もちろん先の検討会の結論を踏まえて行われたわけなんだけど、結果的に学力論としては「資質・能力の三つの柱」、つまり「知識・技能」「思考力・判断力・表現力等」「学びに向かう力・人間性等」という表し方を選択する。

三つの視点と三つの柱は、イメージしている学力それ自体に大きな違いはない。これは両方の議論に参加した当事者として、しっかり言明しておきたいと思う。

では、三つの視点と三つの柱では、なぜこうも違ってくるのか。学力というのはいわば立体的な構造物だから、その表現に際しては、何らかの角度でもってスライスして見せる必要がある。つまり、三つの視点と三つの柱では、同じ学力という構造体を、どの角度から切って見せるか、その切断面の角度が違っているんだよ。

三つの柱を生み出す角度が選択された最大の理由は、学校教育法三〇条二項に規定された、いわゆる「学力の三要素」、つまり「基礎的・基本的な知識・技能」「知識・技能を活用して課題を解決するために必要な思考力・判断力・表現力等」「主体的に学習に取り組む態度」との整合性だろう。もちろん、それ自体は妥当な判断だといっていい。

それどころか、同様の把握はＯＥＣＤなんかでも提起されているし、この章を通じて見てきたように、子どもの「学び」や「知識」に関する科学的な知見とも合致している。したがって、僕としても三つの柱を採用したことそれ自体には、まったく異論はない。

「教科等の本質に関わるもの」から「見方・考え方」へ

ここで改めて、三つの視点と三つの柱の関係を見てみよう（図1-4）。三つの視点の「ア　教科等を横断する汎用的なスキル（コンピテンシー）等に関わるもの」は、メタ認知をも含めた、認知的・情意的・社会的なすべての汎用的スキルを含むものとなっている。さらに、明示こそされていないけれど、汎用性のある価値や態度に関わる学力要素も、ここに位置付けられていると解釈していいだろう。

これに対し、三つの柱の「思考力・判断力・表現力等」には、主に認知的な汎用的スキルが、「学びに向かう力・人間性等」には、情意的・社会的なスキルに加えて、価値や態度に関わる学力要素が位置付けられると考えられる。つまり、三つの視点と三つの柱は、この部分について、ほぼ一対二の関係でそれぞれ整理されているというわけなんだ。

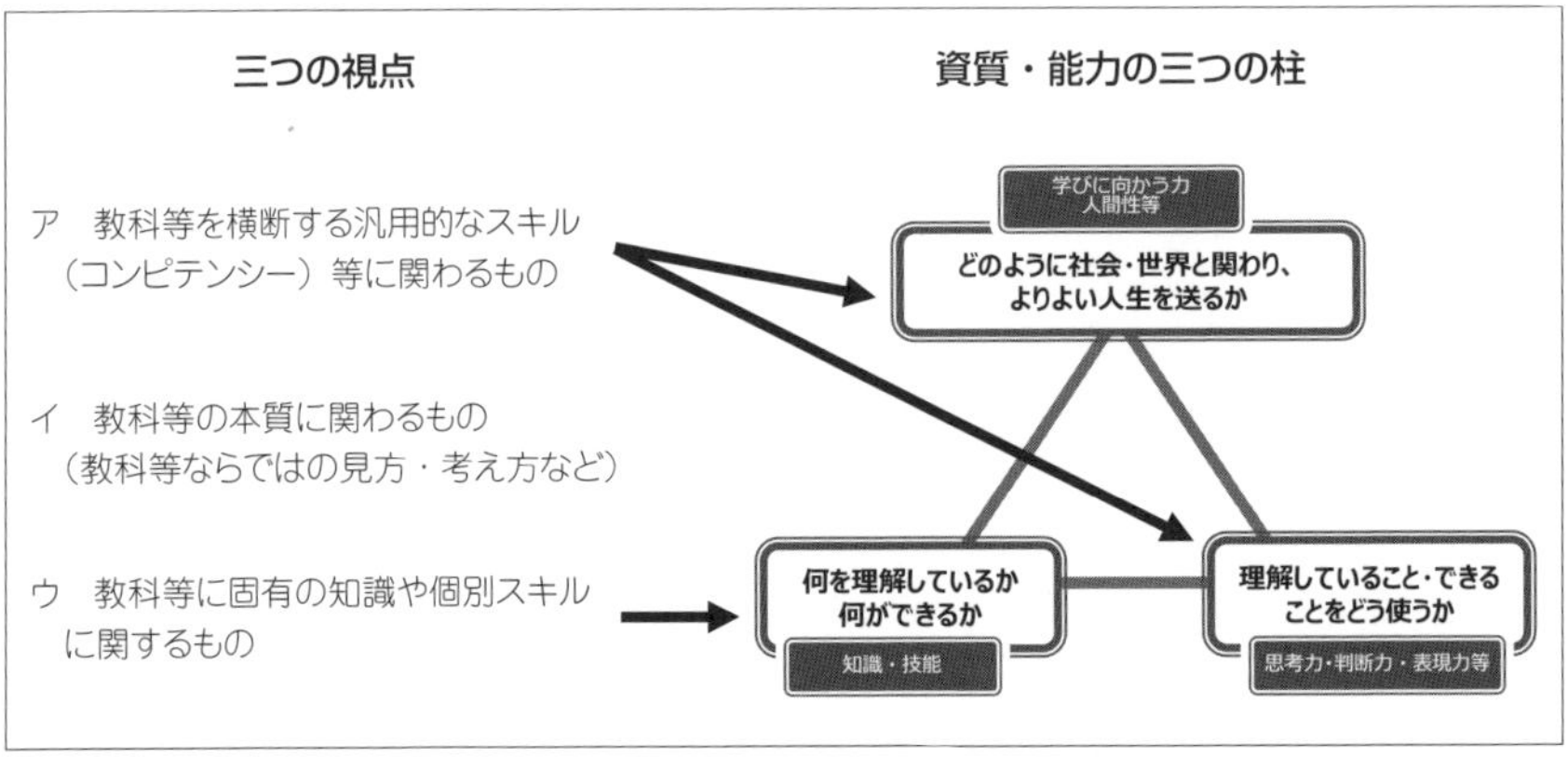

図１−４　「三つの視点」と「資質・能力の三つの柱」の関係構造

一方、三つの視点の「ウ　教科等に固有の知識や個別スキルに関するもの」は、三つの柱の「知識・技能」とキレイに対応している。かくして、三つの視点の側においてのみ、「イ　教科等の本質に関わるもの（教科等ならではの見方・考え方など）」が残る。

それを、二〇一七年版学習指導要領では「各教科等の特質に応じた『見方・考え方』」として、三つの柱とは別建ての形で学力論の構造の中に位置付けたと考えれば、すべてが整合的に理解できるだろう。

二〇一七年版学習指導要領では、各教科等の目標の記述様式が大幅に刷新された。たとえば、小学校算数科の目標は次のような文言になっている。

> 数学的な見方・考え方を働かせ、数学的活動を通して、数学的に考える資質・能力を次のとおり育成することを目指す。
>
> (1)　数量や図形などについての基礎的・基本的な概念や性質などを理解するとともに、日常の事象を数理的に処理する技能を身に付けるようにする。
>
> (2)　日常の事象を数理的に捉え見通しをもち筋道を立てて考察する力、基礎的・基本的な数量や図形の性質などを見いだし統合

的・発展的に考察する力、数学的な表現を用いて事象を簡潔・明瞭・的確に表したり目的に応じて柔軟に表したりする力を養う。

(3) 数学的活動の楽しさや数学のよさに気付き、学習を振り返ってよりよく問題解決しようとする態度、算数で学んだことを生活や学習に活用しようとする態度を養う。

具体的な表現は各教科等により微妙に異なるんだけど、基本的な構造としては、まず第一の文において、各教科等の特質に応じた「見方・考えを働かせ、○○な活動を通して、△△する（のに必要な）資質・能力を次の通り育成することを目指す」と宣言される。そして、その後に(1)~(3)として、資質・能力の三つの柱に基づき、「知識及び技能」「思考力、判断力、表現力等」「学びに向かう力、人間性等」に関する具体的な記述が列挙される。

つまり、三つの視点における「イ　教科等の本質に関わるもの（教科等ならではの見方・考え方など）」から姿を変えた「各教科等の特質に応じた『見方・考え方』」を働かせた学習活動を通して、資質・能力の三つの柱を育成するという構造になっているんだよ。

このように、二〇一七年版学習指導要領では学校教育法等との整合性を確保しつつ、三つの視点が示した学力の三層構造の理念を発展的に継承しているんだ。

「見方・考え方」を働かせたからこそ存在している

では、具体的に「各教科等の特質に応じた『見方・考え方』」を働かせて「資質・能力の三つの柱」を育成するとはどういうことなのか、考えることにしよう。これは、一見とんでもない難問のように見えるんだけど、実は非常にシンプルなことだって僕は思う。

先に1－8で、「各教科等の特質に応じた『見方・考え方』」とは、その教科等ならではの対象に対する独自なアプローチの仕方なんだって話をした。このことをひっくり返して考えるならば、その対象に対してアプローチするに際して、その教科等ならではのアプローチに「制限」をかけたからこそ、今日その教科等で教えることになっているさまざまな知識や技能が生成されたという事実に気付くだろう。

たとえば、1－8でも述べた通り、理科は自然の事物・現象という対象に挑むに際し、近代科学という「見方・考え方」にそのアプローチを厳格に「制限」している。だからこそ、輪廻転生は理科では教えないし、国語科の教科書のように、キツネやタヌキがしゃべることもない。もちろん、キツネの気持ちについて延々と議論することも、理科ではやらない。

つまり、理科で教える特定の知識を前に、どうやってこんな知識を人類は獲得してきたのかと問えば、それは理科ならではの対象に対するアプローチ、「見方・考え方」を働かせたからだろう。したがって、子どもたちがその知識を学ぶ際にも、そのような「見方・考え方」を働かせて、その知識に彼らがたどり着くように、授業を設計するのが望ましい。というか、教科書も含め、すでに通常の理科の授業はそうなっている。

ただ、現状では、なぜこの教科の教科書なり通常の授業がそうなっているのかという極めて大切な事柄について、当の教師が明晰に気付けていないことがあまりにも多い。したがって、なぜ実験なり観察をするのかについて何らの問いも納得も持たず、ただただ実験なり観察を子どもたちにやらせてしまっている。その結果、子どもたちも一種の「儀式」として実験や観察をこなしていて、その「儀式」が知識生成において持つ意義や限界について、およそ明確な自覚や深く構造的な理解が生じていない。

こういった状態を、僕は典型的なコンテンツ・ベイスの教育として強く糾弾したい。資質・能力の育成とかコンピテンシー・ベイスの教育というのは、何も現行のものとはすっかり異なる授業づくりを求めるわけじゃない。現行の教科書や従来の授業づくりにおいて、どうしてそうなっているのかを教師がしっかりと理解し、自覚すれば、一気に資質・能力の育成へと向かう場合も少なくないんだ。

そのためにも、まずはその教科等で教える個々の知識が、その教科等ならではの「見方・考え方」を働かせたからこそ今ここにあるという点を常に押さえて教材や内容の研究を進めることが、僕は資質・能力育成の第一歩なんじゃないかって本気で思う。

この知識生成の筋道なり論理が教師にしっかりと見えてくると、次にはそれを子どもにも見えるようにしようと考えるだろう。そして場合によっては、すでに教科書すらそのことをしっかりと踏まえていることに気付く。すると、同じ教科書であっても、その使い方、活かし方はすっかり変わってくるだろう。授業のどこで立ち止まり、何を子どもたちに意識させようとするかも、まったく違ってくると思うんだ。

そして、それだけの違いであっても、同様のことが毎時間繰り返されていくならば、次第に子どもたちはその教科等ならではの「見方・考え方」を感得するようになるだろうし、個々の知識や技能も、ばらばらのものではなく、「見方・考え方」を拠点として関連付けられ、意味的に統合された知識へと高められていく。

資質・能力の育成というのは、たとえばそんな風に進めていくことができるし、そこでは常に「各教科等の特質に応じた『見方・考え方』」を存分に働かせていくことが重要になってくる。二〇一七年版学習指導要領の各教科等の目標に「○○な見方・考え方を働かせ」、とあるのは、実にそういったことなんじゃないかって、僕は思うんだ。

[注]

1　奈須正裕・久野弘幸・齊藤一弥（編著）『知識基盤社会を生き抜く子どもを育てる―コンピテンシー・ベイスの授業づくり』ぎょうせい、二〇一四年

奈須正裕・江間史明（編著）『教科の本質から迫るコンピテンシー・ベイスの授業づくり』図書文化社、二〇一五年

第2章

主体的・対話的で深い学びの実現

2

1 「学び」という営みの本質を捉える

資質・能力を育むために必要な学びの在り方

学力論が資質・能力を基盤としたものへと拡張されるのに伴い、授業づくりや学習指導の在り方、つまり教育方法にも変化が求められる。その基本的な考え方を表したものが、「主体的・対話的で深い学び」の実現だ。二〇一六年一二月二一日の中央教育審議会答申（以下、答申）では、次のように説明されている。

「『主体的・対話的で深い学び』の実現とは、特定の指導方法のことでも、学校教育における教員の意図性を否定することでもない。人間の生涯にわたって続く『学び』という営みの本質を捉えながら、教員が教えることにしっかりと関わり、子供たちに求められる資質・能力を育むために必要な学びの在り方を絶え間なく考え、授業の工夫・改善を重ねていくことである」（答申、四九頁）。

この記述から、三つの重要なポイントが浮かび上がってくる。

その第一は、主体的・対話的で深い学びとは、「子供たちに求められる資質・能力を育むために必要な学びの在り方」にほかならないということだ。

残念ながら現状では、主体的な学び、対話的な学び、深い学びを三つの独立した要素として解釈し、しかもそれぞれに対応した場面や活動を形式的に設定することでよしとする動きが散見される。個々人に選択を委ねることで主体的な学び、対話的な活動の場面を5分間設けることで対話的な学び、振り返りの場面の設定をもって深い学びと称するといった具合で、きっとあなたもどこかで出くわしたことがあるんじゃないかなあ。

もちろん、個々の工夫それ自体は必ずしも無効ではないだろう。でも、それらがどのような資質・能力の育成をどのような筋道でもたらすと見込んでいるのか、まずはそのことをしっかりと考える必要がある。

また、主体的・対話的で深い学びというのは、教師が行う教授行為ではなく、子どもの側に生じる学びの質を表している。教師が対話的な活動を指示すれば、子どもたちは対話を行いはするだろう。でも、そこでどんな質の対話的な学びが生じるかは、また別の問題だ。教育方法を巡る同様の間違いは過去にも幾度となく繰り返され、そのたびに新たな提案の真意を取り違えて、「そんなことだったら、これまでのやり方でいいや」とばかりに旧来のやり口に舞い戻るという過ちを犯してきた。そんな愚かなことは、そろそろやめにした方がいいんじゃないかなあ。

さらには、質の高い学びが実現されている時、それは主体的でもあり、対話的でもあり、深くもなっている場合が多い。したがって、それらを解体し個々バラバラのものとして扱うのは、必ずしも得策ではないんだ。中には指導案の横に枠を設け、そこに「主体的な学び」「対話的な学び」なんて書くようにしている学校もあって、研究主任が中途半端に勉強した結果なんだろうけど、そんな無茶な書式で指導案を書かされる校内の先生たちはたまったもんじゃない。もちろん、そんな不合理な方法でいい授業が生み出せるはずもなく、すべてが徒労に終わるのは目に見えている。

創意工夫に基づく指導方法の不断の見直しと「授業研究」

第二に、主体的・対話的で深い学びの実現とは「必要な学びの在り方を絶え間なく考え、授業の工夫・改善を重ねていくこと」であり、「特定の指導方法」を唯一絶対のものとして固定的に指し示したりはしないという理解が大切だ。

主体的・対話的で深い学びが提起されて以来、この言葉を自身が信奉する特定の方式や型や道具立てを喧伝することや、相反したり競合したりする立場を批判するのに都合よく用いる動きが横行していて、実に困ったことだと僕は考えている。でも、この言葉の大元である答申が「特定の指導方法」を指すものではないと明言しているんだから、そういった動きはおよそ当てにならないと考え、上手に距離を置くのが身のためだろう。

現場が「藁にもすがる思い」で、こういった情報や人に接近しようとする気持ちはわからないでもない。でも、すべては「藁」だから、すがったところで何の役にも立たないだろう。答申がいうように、主体的・対話的で深い学びの実現では、それを学校と教師の「創意工夫に基づく指導方法の不断の見直し」（答申、四八頁）と捉えることが大切なんだ。

注目すべきは、それがこの国の実践的伝統であり、「国際的にも高い評価を受けて」いる「授業研究」によって効果的に成し遂げられるとの見解が示されている点だろう（答申、四八頁）。主体的・対話的で深い学びに限らず、教育方法の刷新というのは行政や学者からのトップダウンではなく、「教員がお互いの授業を検討しながら学び合い、改善していく『授業研究』」（答申、四八頁）のような場を基盤とし、教師一人ひとりを主体とした絶えざる日常的営みとして進められていくべきなんだ。

そこでは、目の前の子どもの姿を共通の拠り所とし、個々の教師の納得をもって特定の方法や技術が採用されていくことが重要になってくる。また、そんな日常を通してこそ、授業づくり、そして教育方法の開発を、自律的で創造的に展開できる教師並びに教師集団の力量を培うことができるんだって考えればいい。

最近、教育長や首長の鶴の一声でもって、地域を挙げて一つの方式に取り組んでいるところもあるんだけれど、多様性を大切にしようっていう時代に、何とも似つかわしくないやり方だなあって、僕なんかは思ってしまう。もちろん、実践だからうまくいけばそれでもいいんだけど、その場合にも、教師にとって一番大切な自律性と創造性を損なう危険性には細心の注意を払いたい。長期的に見た場合、このことがその地域におけるもっとも大きな損失になる可能性があるんだ。その意味でも答申がいうように、各学校で自律的に展開される授業研究を基盤に進めるのが、結果的に一番の近道なんだよ。

質の高い「学び」がもたらす知識構造の洗練

ポイントの第三は、「人間の生涯にわたって続く『学び』という営みの本質」を捉えることが大切であるという指摘だ。

第一章でも述べたように、今回の改訂では一貫して、「『学ぶとはどのようなことか』『知識とは何か』といった、『学び』や『知識』等に関する科学的な知見の蓄積」を「検討を底支えするもの」として位置付け、すべての作業が進められてきた。したがって、主体的・対話的で深い学びの実現に際しても、「『学び』という営みの本質」を捉えることを基盤とするのは、当然の帰結なんだ。

しかも、教育方法とは、子どもの「学び」をどのように支えるかを構想し実践することだから、そもそも「学び」とはどのような営みか、また、子どもたちが質の高い学びを経験し、洗練された問題解決を可能とするような「有能さ」の高まりがもたらされた時、そこにはどんな変化が生じているか、といったことをしっかりと把握する必要があるというのは、極めて正攻法でまっとうな行き方だといっていいだろう。

まず、そもそも「学び」とはどのような営みか、という前者の問いに関わっては、すでに1‐2で、コンピテンス概念のルーツであるホワイトの研究を紹介した。復習すると、人間は本来的に「有能さ」、つまりコンピテンスを拡大することに向けて動機づけられた存在として生まれてくると、ホワイトは考えた。そして、これはホワイトだけじゃなく、さらに遡ってピアジェあたりから今日に至るまで一貫して、多くの心理学者たちに広く共有されてきた意見なんだけど、「学び」とは既有のシェマによる対象の同化と、対象の要求に根差したシェマの調節の絶えざる繰り返しを通して、徐々に身の回りの事物・現象に関する個別的理解を深めていくと同時に、どんな事物・現象にも適切に対応できるよう、より効果的なシェマを獲得・洗練・拡充させていくことだと考えられてきた。とりあえずこのことを押さえて、話を先に進めよう。

では、「有能さ」の高まりがもたらされるような質の高い学びが実現された時、子どもたちにどのような変化が生じているのか、という後者の問いについてはどうだろう。この問いを巡って参考となるものに、熟達化研究がある。たとえば、図2-1・2-2は、物理学の初心者（学部学生）と熟達者（物理の博士号取得者）が、高校の物理の問題にもよく登場する斜面という概念について、それぞれどのような知識構造（スキーマ）を持っているかを調査した結果だ[1]。

両者は、知識を構成する要素の数では大きな違いはないものの、構造化の仕方に決定的な違いが認められた。初心者はまず、斜面の角度、長さ、高さといった表面的特徴を連想し、最後にようやくニュートンの法則やエネルギー保存について言及する。一方、熟達者はいきなりニュートンの法則やエネルギー保存など斜面問題にかかわる物理法則を想起し、次に法則の適用条件について、最後に斜面の表面的特徴のことを考え始めていた。

熟達者は物理学の学問構造に近似した体系的なスキーマを所有していて、それが彼をして、世界を単なる物質の集まりではなく、物理法則に支配されているシステムと見るように促していたってわけなんだ。そして、日常生活で出合う事物や現象ですら、必要ならばその表面的特徴に惑わされることなく、深層に潜む法則や原理の角度から

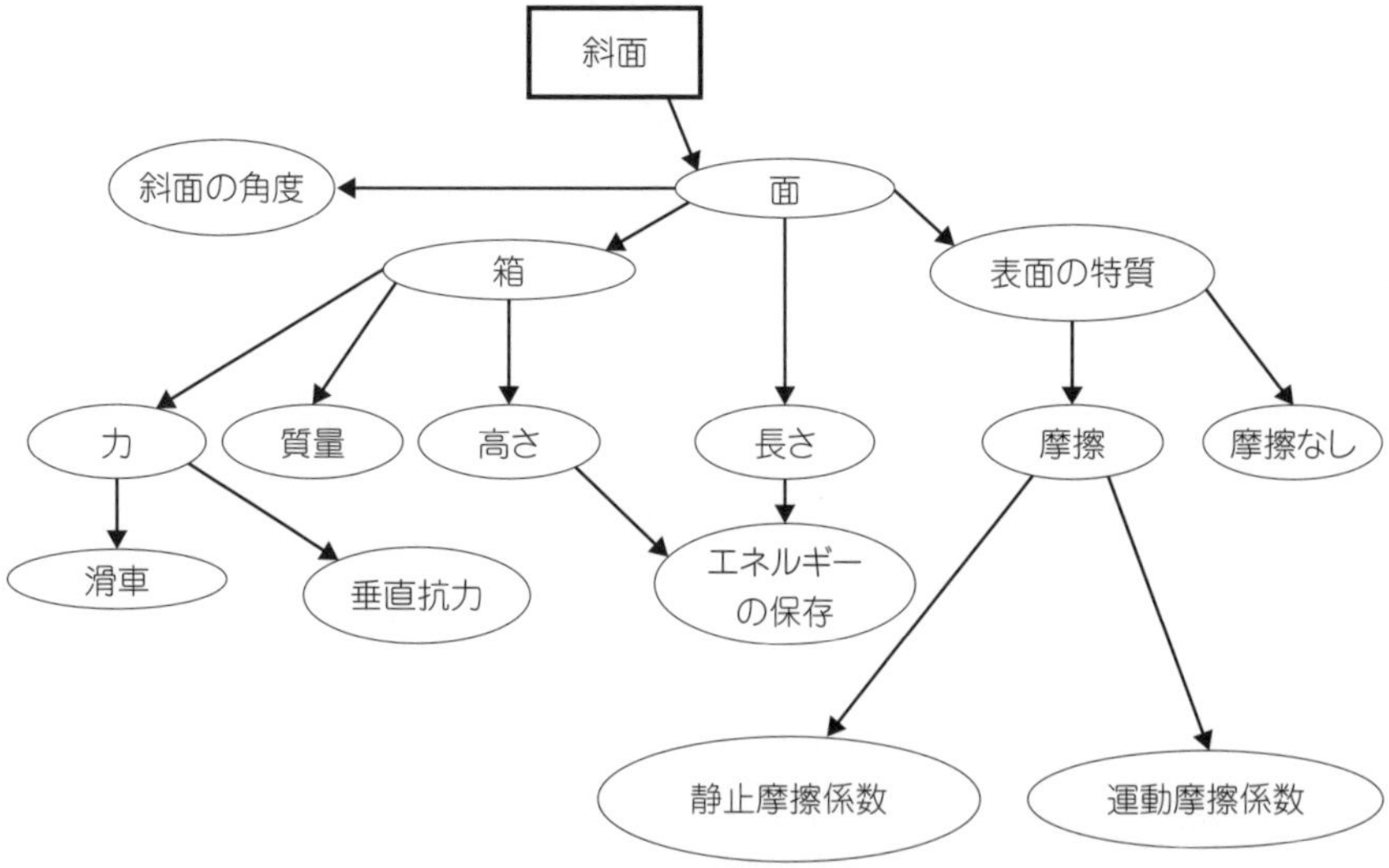

図2-1　初心者のスキーマ（知識構造）

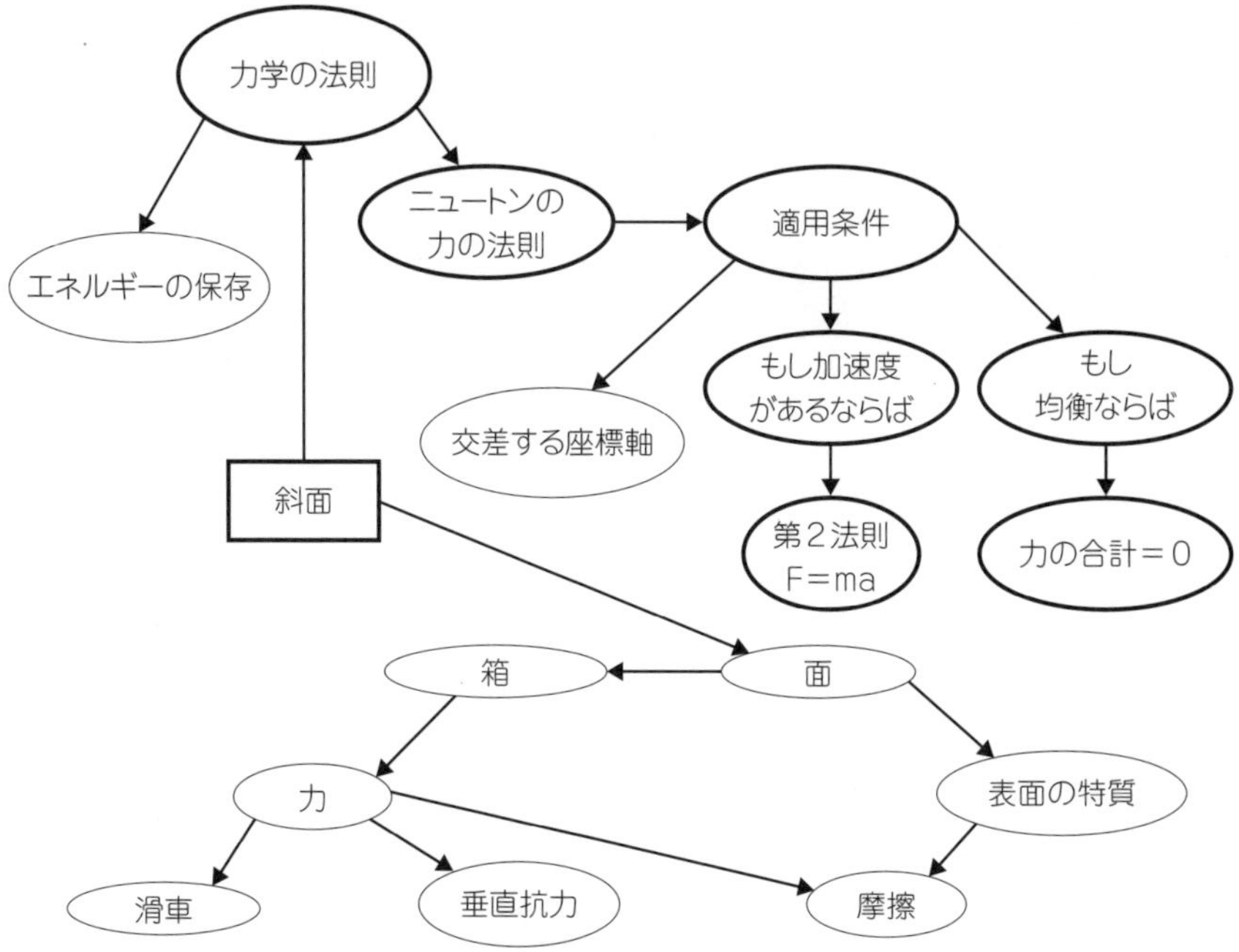

図2-2　熟達者のスキーマ（知識構造）

眺め、処理できるようになっている。

つまり、教科等を学ぶとは、単に知識の量が増えるだけではなく、知識の構造化のありようが、その教科等が持つ独自な価値ある構造に近似していくよう組み変わり、洗練されていくことなんだよ。そしてそれにより、子どもは世界をこれまでとはまったく違った風に眺め、関わったり取り扱ったりできるようになる。

これこそが、その教科等の特質に応じた「見方・考え方」、つまり教科等の本質が子どものうちに実現された状態であり、本来の意味での系統学習が成功裏に実現された時に生じることなんだ。そして、このような状態が成し遂げられた時、子どもたちは以前よりも洗練された問題解決を実行できるようになる。

悩ましいのは、結果的に導かれたに過ぎないその教科等の知識構造に含まれる要素を、より単純で低次なものから複雑で高度なものへと順序よく教えたところで、熟達者のスキーマのような状態が実現されはしないことだろう。従来、系統学習と呼ばれてきたものの多くは、しばしばこの過ちを犯してきた。系統学習とは形式的に整序された知識の注入なんかではなく、知識の構造がその教科等ならではのものへと修正・洗練・統合されていくのを支える営みであり、図２－１から図２－２へのような変化を子どものうちに生じさせることなんだよ。

「学び」の本質を捉え、教えることにしっかりと関わる

実は、赤ちゃんが環境内のひと・もの・ことに働きかけ、それらを同化（＝理解）するのに用いていたシェマはフランス語読みで、同じ言葉の英語読みがスキーマになる。つまり、図２－１・２－２に示された知識の構造化のありようもまた、それを用いてさまざまな事物・現象に働きかけ、理解や思考を生み出すという点において、赤ちゃんのシェマと心理学的には同型なんだよ。もちろん、赤ちゃんの学習は感覚・運動的で常に具体的なのに対し、高

校や大学で物理を学ぶ際には主に言語を媒介とし、多分に抽象的なんだけど、基本的な学習のメカニズムそれ自体には多くの共通点を認めることができる。

したがって、図2－1から図2－2への移行を無理なく着実に進めようとする、つまり高度な系統学習の実現を意図するからこそ、その子が現在所有している知識や経験を足場に、子ども主体で展開される対象との相互作用を通して、その子自身が自らの知識構造をその教科等の本質に沿ったものへと修正・洗練・統合していけるように「学び」を支えることが、教育方法には求められる。

コンピテンスを通してホワイトが提起したのは、「人間の生涯にわたって続く『学び』という営みの本質」の捉え直しだった。ホワイトがいうように、すべての子どもは生まれながらにして自ら進んで環境に関わり、環境との相互作用を通して「学び」を実現する能力を持っている。しかも、その「学び」は個別具体的な対象を「知る」（＝関われる）ことと、汎用性のある「関わり方」が感得され、洗練されていくことが一体となったような質の「学び」なんだ。

子どもたちは乳幼児期からそのような質の「学び」を旺盛に展開していて、就学時にはすでにインフォーマルな知識とか素朴概念と呼ばれる膨大な知識を所有している。たとえば、算数で図形の勉強をするよりもはるか前に、積み木遊びなんかを通して、子どもは基本的な図形や図形を構成する要素、さらには要素間の関係についてかなりのことを知っていたりする。ところが、従来の学校ではそういった事実を無視して、「手はお膝、お口チャック」といった行動規範をしつけ、その極めて受動的な状況下で「この形を三角、こちらの形を四角といいます」なんて教え込んだりするから、子どもたちはかえってうまく学べなかった。

つまり、僕たちが通俗的に抱いている「学び」概念は少なからず間違っているんだ。その最悪のものは、子どもの心は「白紙」であり、大人が価値ある経験を書き込んでやることによってはじめて意味のある学びが生じる、といったものだろう。無味乾燥な暗記や機械的なドリルにすぐ頼ろうとするのも、こういった「学び」概念と通底している。

子どもの事実とは異なる「学び」概念に基づいて組み立てられた教育方法なんか、うまくいくはずがない。ところが、うまくいかない理由を僕たちはしばしば子どもの側に求め、「落ち着いて勉強に取り組む姿勢ができていない」「話を聞く力が弱い」「理解力に問題がある」などといっては、いよいよ規律訓練やドリル、宿題の乱発に終始してきた。

主体的・対話的で深い学びとは、ごく普通に子どもがその誕生の時から進んで旺盛に展開してきた「学び」の延長線上でこそ実現可能であり、また実現すべきものなんだ。すでに子どもたちが展開している「学び」をそのまま就学後も連続させ、さらに各教科等の特質に応じた「見方・考え方」に繰り返し触れさせることで、知識の構造を徐々にその教科等の特質に応じたものへと修正・洗練・統合していけるよう支援するのが教師の仕事であり学校の任務なんだ。

答申に記された先の「学校教育における教員の意図性を否定することでもない」「教員が教えることにしっかりと関わり」といった言葉の意味についても、このような「学び」概念に立脚して考える必要がある。つまり、「教員が教えることにしっかりと関わる」ためにこそ、まずもって子どもの知識状態を正確かつ広範に把握することが大切になってくる。そして、子どもたちが持っている、いい線はいっているけれど不正確であったり断片的である知識を、各教科等の特質に応じた「見方・考え方」に沿って修正・洗練・統合していけるよう促したり導いたりする際に発揮されるのが、教師の意図性であり指導性なんだって考えればいいんだよ。

［注］

1　Chi,M.T.H., Glaser,R., and Rees,E 1982 Expertise in problem solving. In R.Sternberg, ed., *Advances in the Psychology of Human Intelligence, volume 1*. Erlbaum.

2　2　有意味学習

「学び」という営みの本質を巡る三つの洞察

二〇一七年版学習指導要領では、学力論が資質・能力を基盤としたものへと大幅に拡張され、教育方法にも変化が求められる。その基本的な考え方を表したものが主体的・対話的で深い学びであること、また、その実現に際して「人間の生涯にわたって続く『学び』という営みの本質」を把握することが特に重要であることは、すでに2－1で述べた。

以下の各節では、資質・能力の育成を目指した教育方法、つまり主体的・対話的で深い学びの実現について、さらに具体的・実践的に考えていきたい。学習に関する近年の科学的研究は、「人間の生涯にわたって続く『学び』という営みの本質」を巡って、すでに述べたことに加え、少なくとも次の三つのことを共通して指し示している。

1　子どもは豊かな既有知識を携えて学びの場に臨んでいる。

2　学びは常に具体的な文脈や状況の中で生じている。

3　学びの意味を自覚し、さらに整理・統合する必要がある。

それでは、順を追ってそれぞれの洞察について、またそれらがこれからの教育方法に対し、たとえばどのような姿を求めるのかについて見ていくことにしよう。

子どもの心は「白紙」ではない

第一の洞察は、「子どもは豊かな既有知識を携えて学びの場に臨んでいる」というものだ。

子どもは乳幼児期から、自ら進んで環境に関わり、環境との相互作用の中でさまざまなことを学んでいる。そして、就学時にはインフォーマルな知識とか素朴概念と呼ばれる膨大な知識を所有している。だったら、これを活かさない手はないだろう。

たとえば、小学校三年生の小数の概念形成では、以前からよく「靴のサイズ」が用いられてきた。子どもたちに自分の靴のサイズを尋ねると、当然のことながら、20、21、そして20・5というのが出てくる。彼らは正規の教科の勉強として、つまりフォーマルには小数を学んではいない。しかし、すでに生活の中では膨大に見聞きし、実際に使い、何となくではあるんだけど、結構なことを知っている。

なので、ここで「テン5って何」と尋ねると、「20と21の間」と答えるから、「20個と21個のリンゴの間に数なんかあるの」と聞くと、「リンゴにはないけど靴にはある」「リンゴも半分に切ればある」「それは分数なんじゃない」などと、実に面白いことを言い出す。中には「20・5は20センチ5ミリのこと」と答えられる子もいて、そこまでは知らなかった子たちも、「ああ、そういうことなんだ」と納得する。

「僕はおとといから20・5」という子がいて、聞くと「靴を買いに行ったら、それまで履いていた20ではキツキツで。するとおじさんが『もう一つ大きいのを』と言って持ってきてくれたのが20・5で、それがちょうどよかったのね。おじさんは『試しに』と言って21も持ってきてくれたんだけれど、21はブカブカで、だから僕はおとといから20・5の子になったんだよ」と言う。

このキツキツ、ちょうどいい、ブカブカという誰しもが共感できる身体感覚が、20、20・5、21という数字の並びと対応していて、ここから子どもたちは整数の間にさらに数なり量が存在し、それがどうも小数というものらしいということを理解する。

この気付きが得られたところで、20センチから25センチまでの靴を立て、左から右へとずらりと並べて見せてもいい。靴先の高さが、一直線で右肩上がりに高くなっていく景色から、子どもたちは数の法則性を実感するだろう。

でも、靴のサイズだけではこれ以上の発展は見込めない。そこで、次に体重を尋ねてみる。すると、当然30・2とか29・7が出るから、「あれ、テン5じゃないのもあるの?」と聞くと、「テン1からテン9まである」と言う子がいて、実際に自分の体重はそのどれかだから、この時点では正確な概念形成には至っていない子も、とりあえずなるほどと思い、もっとちゃんと理解したいと願うようになるだろう。

ここですかさず、「靴のサイズの20・5は20センチ5ミリだったから、体重の29・7は29キロと7グラムのこと?」とボケてやると、ポカンとしている子もいるけれど、ゲラゲラ笑い出す子もいて、「29・7は29キロと700グラムのこと」と教えてくれる。どうしてそうなるのか尋ねると、これはさすがに難しいけれど、それでも「テン何とかは一つ下の数のことだと思うんだよね。だから、靴の場合はセンチの一つ下はミリだけど、体重の場合はキロの一つ下は100グラムになるから、29・7は29キロと700グラムになる」と答えてくれた。

子ども中心だからこその指導性

この授業では、まず靴のサイズを足場に、整数の間にも数が存在することに気付かせた。次に、靴のサイズと体重とを比較することで、小数が「テン5」だけでなく「テン1からテン9まである」ことを確認する。さらに、あえてボケることで、「テンいくつ」は整数の一つ下の数であることを見出していった。もちろん、これらは単なる手練手管ではなく、子どもたちの知識状態と教科の学習内容とのギャップを丁寧に見積もり、それをどのように埋めていくかと思案する中で生み出された、明確な教師の指導性の発揮にほかならない。

大切なのは、子どもの既有知識を導入での意欲づけに使うんじゃなくて、それで一時間、できれば単元全体を学び進めることだ。すでにある程度知っていることとの関連が見えれば、子どもは「あっ、そのことね」「知ってる、知ってる」となり、緊張や不安を抱くことなくリラックスして、だからこそ主体的に学びに向かうことができる。また、「私はこう思うよ」「こんなこともあったんだ」「だったらさあ」と、各自のエピソードや考え、疑問や予想を出し合いながら対話的・協働的に学びを深めていくだろう。

さらに、よく知っていると思い込んでいるからこそ、お互いの知識をすり合わせ、整理していく中で、「何か変だぞ」「わからなくなってきたけど、何とかはっきりさせたい」「もしかすると、こういうことかな」「やっぱりそうだった」と、自分たちの既有知識を足場に粘り強く追究を深め、ついには正確な概念的理解へと到達する。

このように、自身が所有する知識との適切な関連付けにより、子どもは意味を感じながら主体的・対話的に学びを深めていくことができる。そして、この動きを着実なものとするのが、教師の意図性や指導性の効果的な発揮なんだよ。

そのためにも、まず今日の学習内容との関わりで、子どもたちがどんな知識や経験を持ち合わせているのかを的確に、また幅広に把握しておきたい。その一方で、学習内容を巡り、目指すべき本質的で統合的な概念的理解とはどのようなものかも、当然のことながら明らかにしておく必要がある。その上で、どのような事実や問いとの出合いが、自分たちの理解が不完全で未整理であるとの気付きを子どもたちに生み出し、粘り強い追究を推進する契機となるか、また概念的理解の修正・洗練・統合はどのようなプロセスをたどって効果的に実現されそうか、についての丁寧なシミュレーションを多角的に行っておきたい。子どもを中心に据えた主体的・対話的で深い学びの創造は、そんな教師の周到な準備の下ではじめて可能となる。

学習の四類型

一九六〇年代に、アメリカの心理学者だったオースベルは、二つの次元を用いて学習を図2－3のように整理した[1]。その第一の次元が、既有知識を活用して学ぶかどうかであり、既有知識と関連付けながら学ぶ学習を「有意味学習」、既有知識と一切関連付けることなく丸覚えする学習を「機械的学習」と呼んだ。

	発見学習	受容学習
有意味学習	有意味発見学習	有意味受容学習
機械的学習	機械的発見学習	機械的受容学習

図2-3　オースベルが提唱した学習の分類

自分との関係において意味の発生しない機械的学習は、いかにも浅い学びだろう。学習の浅い・深いというのは、学習者における意味の発生の有無なり、そのまさに深さの度合いであり、鍵を握るのは既有知識との関連付けなんだ。

ちなみに、もう一つの次元は受容学習か発見学習かというものだった。受容学習とは、あらかじめ整理された知識を教師から順序立てて教わる学習、発見学習とは、対象との関わりの中から子ども自身が知識を発見・生成する学習のことをいう。

図2－3が示すように、学習には四つの類型が存在する。発見学習の方が受容学習より望ましいというイメージには根強いものがあるんだけど、それは多くの場合、機械的受容学習と有意味発見学習の対比に基づく誤解であることを、この図は示唆している。受容学習と発見学習を比較しているつもりで、機械的学習と有意味学習を比較していたんだよ。つまり、大切なのは有意味学習にすることであり、その先で教科等や指導内容、教材の特質のことな

んかをあれこれ考えながら、受容学習と発見学習を適切に選択し、また上手に組み合わせて運用すればいいんだ。

習っていなくても使って構わない

この小数の授業で面白かったのは、体重について「テン1からテン9まである」ことが話題になった時、テン0の子たちが不安な気持ちになっていたことを他の子どもたちが察し、共通の問題として引き受け、解決しようとしたことだった。

仲間というのは本当にありがたいもので、何とかテン0もテン1やテン9と同じなんだという論理を生み出そうと、クラス中が必死になってがんばってくれる。ついには、「たとえば、100メートル走なんかでも、コンマ何秒の差で金メダルと銀メダルの違いになってくるでしょ。この間の世界陸上の時に、100メートル走で日本人初の9秒台が出るかって話題になったじゃない。結果的には10秒フラットだったんだけど、10秒00は時間としては同じなんだけど、意味は違う。10秒00は、9秒99かもしれないし、10秒01かもしれないって計り方をしたから10秒00になるわけで、10秒というのは、9秒の次は10秒、その次は11秒って計り方をしたってことでしょう。だから、10秒と10秒00は時間は同じなんだけど、意味はぜんぜん違う。体重もそうで、30・0キロと30キロは重さとしては変わらないんだけど、それは結果としてそうなっただけで、やっぱり30・0と30では意味が違う。だから、テン0はテン1やテン9と同じ仲間だと思う」といった、小数概念の本質的理解へと連なる意見が飛び出す。

ここで興味深いのは、テレビで見たのだろう、学校で正規には教えてはいないコンマとか小数第二位までをもこの子が語り、また仲間たちも正確な理解ではないかもしれないんだけれど、今話題になっている問題を当座議論するのに必要な程度には了解し、思考を巡らせていることだ。

ここで教師が、「コンマなんて言葉はまだ習っていないから、使わないようにしましょう」とか、「あれあれ、10秒00って何かなあ。そんなことを言われても、みんなわからないよねえ」などと言ってはいけない。

もちろん、塾で勉強して知っている子どもが知識をひけらかすような発言をしているんだったら、静止してもいい。しかし、この発言の意図は違う。自分たちの知識や経験を総動員して、クラス共通の切実な問題の解決に挑んでいるんだよ。それに水を指すような教師は、子どもと共に歩もうとしていないんじゃないかなあ。目の前の子どもの現実とは無関係に、自身が勝手に思い描いた幻想の子どもに向かって、教授という行為を形式的に繰り返しているんだ。でも、そんなところには決して「深い学び」なんか生まれはしないって、僕は思う。

[注]

1　D.P.オースベル、F.G.ロビンソン（著）吉田章宏、松井弥生（訳）『教室学習の心理学』黎明書房、一九八四年（現在は絶版）

2

3 インフォーマルな知識を巡る三つの疑問

インフォーマルな知識への注目

学習に関する近年の科学的研究は、「人間の生涯にわたって続く『学び』という営みの本質」を巡って、いくつかの重要な洞察を提起している。その第一は、「子どもは豊かな既有知識を携えて学びの場に臨んでいる」というものだ。ならば、それを授業に活かさない手はないわけで、その原理が既有知識との関連付けによる意味の発生、かつてオースベルが有意味学習と呼んだものなんだって話を前節ではした。

そこでは、関連付ける既有知識として、学校で正式に教えたフォーマルな知識だけじゃなく、子どもたちが生活経験を通して獲得してきたインフォーマルな知識に注目することが大切だし、有効になってくる。なんといっても、インフォーマルな知識は勉強の得意・不得意や出来・不出来にはほとんど関係なく、すべての子どもがその子なりのものを量的にも質的にも極めて豊かに、しかも深い実感や納得を伴うものとして持っているから、全員参加・全員理解の授業づくりを目指す上でも実に好都合なんだ。

具体・特殊・個別 vs. 抽象・一般・普遍

「なるほど、考え方としてはよくわかったよ。でも、いくつか心配なことがある。まず、インフォーマルな知識って一人ひとりの子どもが遊びや暮らしの中で獲得してきたものなんだろう。すると、中にはあやふやなものや間違っているものもあるんじゃないのかい。そんな知識を教科指導の足場にして、本当に大丈夫なのかなあ」

たしかに、インフォーマルな知識は日常生活経験やその主観的解釈に依存しているから、常に具体的・特殊的・個別的であり、不完全であったり偏っていたり、部分的に誤っていたりもする。これは、フォーマルな知識が目指す抽象的・一般的・普遍的という特質とは正反対といっていいだろう。インフォーマルな知識は理科教育でいう「素朴概念」に相当するから、知識とはいえ「科学的概念」のような整ったものでは到底ない。既有知識を活かすというけれど、著しい偏りや誤りを含むインフォーマルな知識もまた、フォーマルな知識獲得の足場になるのか、不安な気持ちになるのも無理はないだろう。というわけで、ここは一つの事例で考えてみよう。

小学校二年生国語科『スーホの白い馬』の授業。狼と戦った白馬にスーホが声をかける場面にさしかかった時、一人の女の子が立ち上がって問いかけた。

「『兄弟に言うように』なのに、なぜスーホは白馬にこんなにやさしいの」

おどろいたのは級友たちの方だ。

「『兄弟に言うように』だから、やさしいんでしょ」

「うちのお兄ちゃんはやさしくなんかないよ。この間もプロレスの技とかかけられて、とっても痛かったんだから」

女の子はこの場面を、自分自身の何とも具体的・特殊的・個別的な経験、インフォーマルな知識に引きつけて読んでいたんだ。

ここで、「あなたのところはちょっと変わっているから置いておくとして、普通は兄弟というのは相手をやさしく思いやり、お互いに助け合う関係なんだよ。ここはそういう風に読みましょう。いいですか」などとしてはいけない。それでは、この子は学校の勉強は自分とは関係がないという学習観を抱いてしまう。

担任ははっとして、こう切り出した。

「一口に兄弟といっても、いろんな兄弟があるみたいですね。少し、自分の経験や考えを出しあってみましょう」

これに呼応して、子どもたちが語り出す。

「うちにもお兄ちゃんがいるけど、とってもやさしいよ。昨日だってカステラの大きい方を私にくれたもん」

「うちのお兄ちゃんは普段はそうでもないけど、このあいだ私が風邪を引いた時はとっても大事に面倒を見てくれたし、スーホが白馬にするみたいにやさしく話してくれたよ。だから私はスーホだって、いつもいつもこの場面のようにやさしく話しかけるわけじゃないと思う」

こんな教材解釈をする国語教師はいない。自分の経験と関連づけたからこそ出てくる発言といっていいだろう。さて、ここであなたはどう考えるかなあ。

「ほらほら、やっぱりこういうのが出る。だから得体の知れないインフォーマルな知識なんて、授業に取り入れない方がいいんだよ」

「そうかなあ。とっても面白いし、なかなかに鋭い着眼でもあるんじゃないですか。この気付きというか疑問をうまく深めていくことで、学びを進展することができるんじゃないかしら」

そうそう、是非とも後者のように発想してほしい。でも、具体的にどうすればいいんだろう。実は、案外とこういう一見難しそうな、それこそ高度な技巧を要しそうに見える場面こそ、定石通りの対応で何とかなることが多い。国語科読解指導の定石といえば「証拠の文を探してみよう」だろう。実際にそう促してみると、子どもたちはスーホが白馬にやさしくない場面を必死で探そうとする。もちろん、そんな場面は見つからないけれど、子どもたちは納得せず「おかしいなあ」などと言っている。

教師としては笑いをこらえるのに精一杯なんだけど、子どもたちは真剣そのものだから、さらに火に油を注いでみたい。構わないから「やっぱり、スーホとみんなじゃあ、出来が違うんじゃないか」くらい言ってやればいいと、僕は思う。すると、子どもの中から反論が飛び出す。

「そんなことないよ。スーホだって王様相手に強気に出たりするから、ひどい目にあわされた上に白馬まで死なせてしまったでしょ。スーホだって、いつもいつもしっかりしてるとはいえないって、私は思う」

いやあ、これには驚いた。やはり子どもは切実な問いがあると、深く鋭い学びをどんどんと展開していくものなんだ。それ以前に、実は結構読めてもいるということなんだろう。教師の都合で繰り出される問いにうまく答えられないことをもって読めていないと判断するのは、もしかすると大きな間違いなのかもしれない。

とはいえ、依然としてなぞは解けない。子どもたちはいよいよムキになってさまざまな可能性を考え始め、ついにはこんな推論に至ったりもする。

「先生、わかった。これは物語だから、お話の展開や登場人物に都合のわるいことは、本当のことでも書いてないんじゃないかなあ」

文学作品の本質に迫る、実に高度な気付きだと思うんだけど、こんな発想や着眼が生まれる可能性もすべて、子どもたちにとってたしかな学びの礎であるインフォーマルな知識との関わり合いの中から生じてくることに注意したい。インフォーマルな知識を飼い慣らすのは容易ではないけれど、うまくツボにはまると、授業は格段に活性化するし深まってくるんだ。

みんなで生み出すカラフルな知識

事例に戻ろう。

「カステラの話だけど、うちのお姉ちゃんは先に大きい方を取っちゃうよ。やっぱり兄弟は下の方が損だと思う」

「そんなことない。喧嘩して叱られるのはいつも僕で、お母さんは『お兄ちゃんなんだから我慢しなさい』って言う」

上と下でどちらが損か得か、話題はこの点に集中してきた。ここで、黙ってやりとりに耳を傾けていた子が、すっと立って静かに語り始める。

「今のみんなの話を聞いていてね。僕は一度でいいから兄弟喧嘩がしてみたいって、そう思ったよ」

一人っ子の切ない思いに、誰しもがはっとする。そして、喧嘩ばかりしている兄弟だってかけがえのない存在なんだって、深く実感した様子だ。こうして話し合いが一段落した時、最初に問いかけた女の子が再び立った。

「みんなの話を聞いてね。兄弟もいろいろだなあって。それから、うちのお兄ちゃんもお兄ちゃんなりに私を大切にしようとしているのかもって、ちょっとだけ思ったのね。で、スーホなんだけど、『兄弟に言うように』でしょ。『ように』なんだから、スーホと白馬は本当の兄弟じゃないんだなあって。なのに、こんなに仲がいい。それはどんな気持ちなのか、知りたいと思いました」

この女の子に典型的なように、インフォーマルな知識は時に大きく偏っている。しかし、だからこそ一人ひとりのそれぞれに偏った知識や経験を共有の財産とし、その豊かな具体・特殊・個別の先に抽象・一般・普遍を構築しようと協働で懸命に思考することに意味がある。実際、話し合いの末に子どもたちは「兄弟ってそれぞれだけど、でもだいたいは相手をやさしく思いやり、お互いに助け合う関係なんじゃないか」と結論づけた。

散々議論した割には普通のところに落ち着いたけれど、子どもたちが自力で対話的・協働的に生み出した知識である点、したがってその内側に「カステラ」や「お兄ちゃんなんだから」など、さまざまな具体・特殊・個別を充満させた知識である点を見逃さないでほしい。豊かな文脈を伴う、カラフルで中身が詰まった知識といってもいいだろう。

最近、学習を巡って対話や協働、協調といったことがいわれるんだけれど、単にみんなで力を合わせるとか、気持ちを揃えるといった以上の意味が込められていることに注意したい。さまざまな意味で異なる知識・思考・感情を持ち合わせている者同士が、目的なり問題を共有し、より納得のいく状態を目指して自分の思うところを互恵的に出し合い、今この場で知識を生成・更新し続けていくという知識観・学習観に立っての対話や協働だってことが、とても重要なんだよ。

これまで、僕たちは余計な寄り道をすることなく、最短距離で結論へと至るシンプルな授業過程が知識獲得に有利であると考えてきたかもしれない。しかし、一切のインフォーマルな知識との関わりを持たない空っぽで無色透明な知識は思考の手がかりのない孤立した知識であり、活用が効かないばかりか忘却も早い。フォーマルな知識である以上、最終的には抽象・一般・普遍が目指されるべきなんだけれど、その抽象・一般・普遍がどのような質を意味し、どのような教育方法によって実現可能かについては、なお十分な内省と検討が必要なんじゃないかって、僕はあらためて思うんだ。

フォーマルな知識とインフォーマルな知識を関連付ける

「なるほど、いわれてみれば、話し合いの授業でいいなあって思う授業では、常に子どもたちのインフォーマルな知識が存分に出され、相互に吟味されたり組み合わされたりしながら徐々に深まっていたってことに気付いたよ。なかなかに難しそうだけど、昔からやられてきたことでもあるし、挑戦する価値は十分にありそうだ。

それで、次の疑問なんだけど、オースベルの理論では、インフォーマルな知識は上手に活かせば学習を促進するたしかな足場になる。でも、時と場合によっては、学習や問題解決を妨害する場合もあったりはしないのかい」

その危険性は大いにある。でも、対処法だってあるから、心配はいらないよ。

たとえば、「チューリップに種はできるか」と尋ねると、大人でも「できない」と答える人が少なくない。チューリップも種子植物なので種はできるし、誰しも学校で種子植物の勉強はしたはずなのに、かなりの人がそう判断してしまう。

「種子植物の勉強は覚えています。でも、チューリップは球根を植えるでしょう。それなのに種ができるのかしら」

これが多くの人の実感だろう。問題は、学校で学んだ種子植物のフォーマルな知識が、「チューリップは球根を植える」というインフォーマルな知識と断絶し、相互に孤立した状態で保持されている点にある。このような場合、人はフォーマルな知識を新たな場面での問題解決に活用できず、思考や判断はインフォーマルな知識に大きく左右される。理由ははっきりしていて、インフォーマルな知識はその多くが自らの手でたしかにつかみ取った、深い意味理解を伴う自分事の知識だからなんだ。

では、どうするかというと、むしろこのことを逆手にとって打って出たい。具体的には、二種類の知識を積極的に関連づけ、そこに涌き上がってくる問いを中心に学び深めていくんだ。つまり、あえて「チューリップにも種ができるのなら、なぜ種ではなく球根を植えるのか」を学習問題として授業を組むという荒療治に出るんだよ。

この問いに答えるには、球根について知る必要がある。球根はクローン、親の身体の一部が地中に残ったもので、いわば子である種とは異なる。「土に植える」から同じだと考えたのが、そもそもの間違いだったんだ。

では、なぜクローンである球根を植えるのか。第一の理由は種の発芽率が低く、発芽しても花を咲かせるまで成長するのに何年もかかるためだ。球根なら数ヶ月で花が咲く。

第二の理由は園芸上の都合で、ヨーロッパの庭造りなどでは、ここは赤、こちらは黄色と、同色の花をまとめて配置する。色が異なる花の花粉が受粉する可能性のある有性生殖、その結果である種は、この目的には不都合だ。クローンである球根なら、咲く花の色は正確に予測できる。

このように学べば、「チューリップに種ができる」ことは納得がいく。また、種ができるのは多様な遺伝形質をもつ個体を生み出す生物の仕組みであり、環境適応上の有利さと関係があるとの概念的理解にも無理なく到達するだろう。

さらに、こんな疑問も涌き上がってくる。

「種以外の増やし方ということなら、挿し木や接ぎ木、種芋はどうか」

これらもすべてクローンであり、やはり親と同じ特性の植物を効率よく増やしたいからだ。さらにここから、生命としての植物と動物の違いにも学びを発展させることができる。植物のクローンはごく普通に存在しているし、人間だって昔からそれを利用してきた。一方、動物については、一部の例外を除いて自然界にクローンは存在しない。

このように、インフォーマルな知識は、そのままでは学習や問題解決を妨害することも少なくない。でも、だからといって避けて通るんじゃなくて、積極的にそこから問いを生み出し学び深めていくことで、かえっていっそう盤石な科学的概念の形成に赴くこともできる。

ちなみに、今回紹介したのは「仮説実験授業」で開発された教材だから、決して新しくはない。この国の豊かな実践資産は、資質・能力の育成や主体的・対話的で深い学びを考える際にも多くのヒントを与えてくれるだろう。その意味で現在進行中の改革は、心ある人々により、すでにかなり以前から着々と進められてきたともいえるんだよ。

絵にはなくても本当は付いている

「なるほど、ピンチをチャンスにするってよくいうけれど、まさにそういった授業づくりのやり方もあるってことなんだね。しかも、さっきの例が『仮説実験授業』のものだなんて驚きだ。この国には素晴らしい実践資産があるんだってことが、あらためてよくわかったよ。そういった実践資産に学び、それを今日的な文脈の中で上手に活かせば、新しい学習指導要領だって問題なく進められそうだって気になってきた。

さて、それで最後の質問なんだけど、インフォーマルな知識とはいえ、それを活かして学ぶということは『活用』ってことになる。すると、A問題とB問題のことを考えても、『活用』はより高度な思考操作といっていいだろうから、それが果たしてクラスの全員に可能なのか、そのことが心配になってくるんだ」

なるほど、気持ちはわからないでもない。でもね、B問題はこちら側が設定した文脈や状況に沿って、かなり狭い許容範囲の中で持っている知識を「活用」することを要求している。一方、授業の中で子どもが自発的にインフォーマルな知識を持ち出して考えたり議論したりする時は、もっとずっと自由度が高いし、許容範囲の幅も広い。そこがすっかり違っているから、「活用」という言葉のイメージでもって心配する必要はあまりないんだ。

それどころか、子どもたちにとっては、そもそも自分が持っている知識や経験と関連付ける、それを「活用」といっても、まあいいんだけど、そうすることなしに、つまりオースベルがいう機械的学習のように学ぶことの方が不自然だし、難しいくらいなんだよ。少なくとも小学校に入学してきた時点では、どの子も、またどんな教材も、常に自分に引きつけて学ぼうとしている。再び、一つの事例で考えてみることにしよう。

小学校一年生国語科『たぬきのじてんしゃ』の授業。欲しかった自転車を買ってもらったたぬきの子どもが、大きなしっぽを口にくわえて自転車に乗るんだけど、からすに「くいしんぼう」とからかわれて思わずしゃべってしまい、しっぽを車輪で轢いてしまうという、何とも愉快なお話を教材にした授業でのことだ。

子どもたちは、今日はじめてこのお話と出合った。何度か読んだ後、先生が「わからない言葉はありませんか」と尋ねたところ、ある男の子が「しゃりん」がわからないと訴えた。先生は教科書にもあるイラストを使って、自転車の前後に二個ある車輪を指しながら説明する。

ところが、ある女の子が「先生、それは『しゃりん』じゃなくて『タイヤ』でしょ」って言うんだ。

「この黒いところは『タイヤ』だけど、『タイヤ』も含めたこの全部は『しゃりん』じゃない？」と先生は応じるんだけど、女の子は受け付けない。

「それは絶対に『しゃりん』じゃないから」と言い、さらにこう続けた。

「その『タイヤ』の横に付いてる、小さいのが『しゃりん』」

ここでようやく先生にも合点がいった。女の子は補助輪のことを言っていたんだよ。

「なるほどね、それもたしかに『しゃりん』だけど、でもこの絵にはあなたの言う、横に付いている小さい『しゃりん』はないでしょ」

先生の言う通り、イラストには補助輪はない。ところが、彼女は自信満々なんだ。

「この絵にはないけどね。本当は『しゃりん』が付いてるの。絵を描いた人が描き忘れちゃったのかなあ。困るなあ、もう」

「不思議なことを言うもんだ」と先生は思いながら、さらに尋ねた。

「どうしてあなたは、絵にはなくても本当は小さい『しゃりん』があるんだって思うの？」

「だってね。『たぬきのこどもは、ながいあいだのゆめがかなって、あかいじてんしゃをかってもらいました』って書いてあるでしょ。そうやって子どもが買ってもらったはじめての自転車にはね、必ず『しゃりん』が付いてるんだよ」

そして、満面の笑顔で誇らしげにこう続けた。

「でもね、私の自転車には、今はもう『しゃりん』は付いてないけどね」

子どもは主体的にしか学べない

彼女は自分が自転車を買ってもらったかつての経験になぞらえて、『たぬきのじてんしゃ』を読み込んでいたんだよ。

補助輪が付いたピカピカの自転車が家にやってきた日の高揚感。それから毎日一所懸命に練習して乗れるようになった時の喜び。たぬきのようにしっぽこそ轢きはしないものの、転んで痛い思いをしたこともあるだろう。

そういった経験と感情のすべてを、お話を読みながら懐かしく思い出すとともに、補助輪を必要としなくなった今の自分を誇らしく、うれしく感じているんだろう。そして、かつての自分を見る思いで、たぬきの子どものがんばりを、やさしく愛おしい気持ちで応援しているに違いない。

これが一年生一学期の事例であったことから、僕は、子どもは本来、どんな教材でも自分に引きつけ、「自分事」として主体的に学ぼうとするんじゃないか、と考えた。これは、幼児を思い浮かべれば納得してもらえるだろう。絵本読みであれ紙芝居であれ、幼児は黙ってなんかいない。先生が読み始めた途端に、「先生、たぬきさんの自転車は赤いけど、僕の自転車は青いんだよ」「このあいだ練習してて転んでね。ほら、膝のところ、こんなに擦りむいちゃった」などと、聞いてもいないのに自分のことをどんどんしゃべりだす。

お話を聞く気がないんじゃない。聞くということが、自分とは独立に存在する客観的な物事を対象化して正確に理解するといった営みなんかではなく、自分との関係において深い納得や身体的実感を伴う意味の創出を目指した営みになっているんだ。だからこそ、お話に登場するたぬきと自分の自転車にまつわる状況を重ね合わせたり比較したりする。しっかりと聞くためにこそ、お話に少しでも関連のある自分の経験や感情を思い出さずにはいられないし、「先生や友だちはどうなんだろう」「みんなはどう思うのかな」と気になってしかたがないから、次から次へとよくしゃべるんだ。

幼稚園や保育園では、先生はニコニコしながら子どもの話を聞き、「そうなんだ」「先生もそう思うよ」「似たようなことがある人はいる?」と、さらに一人の子どもが持ち込んだ話題を対話的に深め、その世界を協働的に豊かなものにしていく。

一方、小学校に入った途端に、先のような発言は不規則発言と見なされ、時に注意の対象にすらなる。もちろん、それなりの理由もあって、小学校では教科の学びが始まり、しっかりと学び取ってほしいことが明確になってくる。一人ひとりの経験や感情に拘泥していては、目指すべき教科の本質にたどり着けないのではないか。小学校教師はそう考え、不規則発言を抑えてきた。

でも、この判断は間違いだったんじゃないかなあ。実際、女の子はたぬきの境遇を自分の経験に重ねて読み深めたからこそ、「たぬきのこどもは、ながいあいだのゆめがかなって、あかいじてんしゃをかってもらいました」という文に目が止まり、それを「はじめての自転車」と読解できた。そして、その読解を拠点にたぬきの心情に迫ろうとしている。いうまでもなく、これは「登場人物の行動や気持ちなどについて、叙述を基に捉えること」であり、国語科が目指すど真ん中の学力といっていいだろう。

そもそも、子どもは主体的にしか学べないし、少なくとも小学校入学段階では、どの子も主体的に学ぼうとしている。まずはこの事実を直視し受け止めることから、授業の抜本的改革は始まるって、僕は思うんだ。

2

4 オーセンティックな学習

状況的学習

「人間の生涯にわたって続く『学び』という営みの本質」について、学習に関する近年の科学的研究が見出した重要な洞察の第二は、「学びは常に具体的な文脈や状況の中で生じている」というものだ。

学習の転移が意外なほど生じないこと、そしてそれが従来型の教育が奏功しない主要な原因の一つであることは、第一章で丁寧に検討した。もっとも、研究の進展に伴い、この現象自体は特に不思議なことではないと考えられるようになってきた。それは、人間の学習や知性の発揮は本来的に領域固有なものであり、文脈や状況に強く依存していることがわかってきたからなんだ。

この考え方を、状況的学習（situated learning）と呼ぶ[1]。そこでは、学習は常に具体的な文脈や状況の中で生じており、学ぶとはその知識が現に生きて働いている本物の社会的実践に当事者として参画することだと考える。

従来の授業では、その知識がどんな場面でも自在に使えるようにとの配慮から、むしろ一切の文脈や状況を捨象して純化し、一般的命題として教えてきた。しかし、何らの文脈も状況も伴わない知識は、A問題のような状況を除けば、現実の意味ある問題解決はおろか、B問題にすら生きて働かない。現実世界で普通に行われている人々の実践から見れば、学校の学習活動の多くは教師や指導内容の都合から強引に導き出した不自然な文脈や状況で行われる、何とも嘘くさいものとして映るんじゃないかなあ。

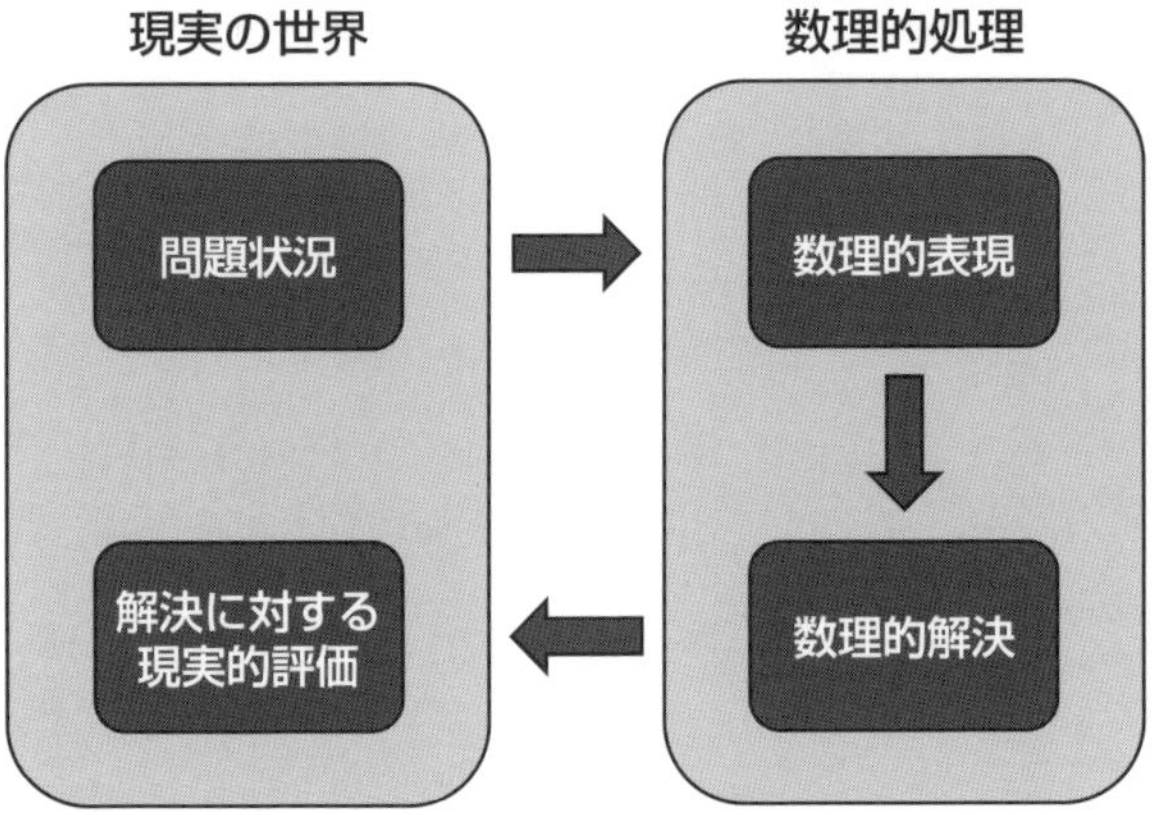

図2－4　現実の世界と数理的処理の関係

たとえば、鶴亀算では鶴と亀の足を区別することなく数え上げるという状況が設定されるんだけれど、いかにも不自然だ。また、そんな授業ばかり経験するうちに、子どもたちも次第に「60人乗りのバスがあります。140人を運ぶには何台のバスが必要ですか？」という問題に「2と1／3台」と答えるようになる。ここで、「1／3台なんてバスがあるの？」と尋ねると、現実にはあり得ないことを十分に承知している。にもかかわらず、「でも、正解だから」「学校の勉強はそういうもの」と平然と言い放つ。

こんな質の学びで習得した知識や技能は、当然のことながら現実の問題解決に生きて働きはしない。図2－4に示すように、実際の問題解決は、まず現実世界における問題状況を、算数ならば数理的な処理に耐えうる形へと再表現し、次に計算その他の処理を施して数理的解決へと至り、さらにその解決に対する現実的な評価を行うことにより、ようやく終結を迎える。伝統的な授業の多くは、図の右側のみをもっぱら扱ってきた、つまり教科の世界に閉ざされた学びになっていた可能性がある。そしてそれこそが、「1／3台のバス」を生み出してきたんだよ。

ならば逆に、具体的な文脈や状況を豊かに含みこんだ本物の社会的実践への参画として学びをデザインすれば、学ばれた知識も本物となり、現実の問題解決に生きて働くんじゃないか。これが、オーセンティックな（authentic：真正の）学習の基本的な考え方ということになる。

授業づくりのポイントは文脈づくり

たとえば、スーパーでさまざまな個数のトマトのパックを買ってきて「どれが一番お買い得か」を問う。指導内容は「単位量あたりの大きさ」なんだけど、現実のトマトは個数によってLLからMまでサイズが異なったりするから、そのままでは比べられない。現実の状況は、算数の指導内容の都合通りになんかできてはいないんだ。

しかし、この状況がかえって子どもたちに切実感をもたらし、「グラム当たりなら比べられるんじゃないか」との着眼を生み出す。もちろん、この気付きの背後にはグラム当たりの表示を近所のスーパーで見た生活経験や、それを取り上げた社会科の学習がすでに生きて働いている。

嘘くさい文脈の授業では、子どもたちは授業をその教科の枠組みに閉ざされた一種の言語ゲームと見なしていて、それがゆえに他の教科で学んだ知識や日常生活で見聞きした経験をなかなか持ち込もうとはしない。国語以外の時間に子どもが黒板で発表した文字の書き順や、とめ・はね・はらいの不適切さを教師が指摘した時、「今は国語の時間じゃないのに」と不満そうに言う子どもがいるけれど、これもそういった構えから生じている。

その点、授業の文脈をオーセンティックにすると、子どもの構えも仮想的なゲームから現実の問題解決へと移行し、その教科の枠組みを突破したさまざまな知識や経験を持ち込み、駆使するようになるから不思議だ。それくらい授業の文脈、コンテクストは子どもの学びの質に対し支配的な影響力を持っている。この事実に留意して授業づくりを進めると、子どもの授業中の振る舞いや学びの質もすっかり変化してくるんだ。

実際、グラム当たりで比べた後も、「でも、LLとMでは味が違うかもしれないから、グラム当たりの値打ちが同じとはいえない。だから、どっちがお得かはそれだけでは決められない」などと言い出す子どもが現れる。もちろん、ここで「今は算数の時間で家庭科じゃないから」などと言っては台無しだ。当然、発言者に代表で試食させ、その結果を報告させる。子どもたちも「家庭科みたい」などと言いながら、大いに盛り上がるだろう。

現実の問題解決では、さまざまな教科の知識や技能が巧みに組み合わされて用いられるのが本来の姿、まさにオーセンティックなわけだから、算数の授業が家庭科や社会科みたいと子どもの目に映ることは、かえって望ましいことだと考えたい。むしろ、そう思えない教師の発想こそが、教科という人為的枠組みに閉ざされた、いかにも嘘くさいものなんだよ。

複雑で混濁した状況の方が参加しやすい

さて、この時点ですでに、「単位量あたりの大きさ」だけでは「お買い得」が決まらないのは子どもたちの目にも明らかなんだけど、それでも同じMサイズを詰めたパックであれば、1個あたりなりグラムあたりでの比較が可能であり、その範囲でなら「お買い得」も決まりそうに思える。

ところが、ここまで豊かにイマジネーションを拡げている子どもは、さらに上手を行く。「うちは4人家族だから、6個パックだと余っちゃう。だから、うちとしては4個パックの方がむしろお買い得」といった意見が出たりするんだ。これは、先の議論とはまた質の異なる見方であり、数理の限界に対する新たな指摘でもある。

こんな話をすると、それじゃあ「単位量あたりの大きさ」を教えられないとか、教えた意味が半減するという人がいるけれど、逆なんだなあ。「単位量あたりの大きさ」という数理にできることとできないことの実感的理解は、「単位量あたりの大きさ」という数理やその実行手続きに関する理解と同じか、それ以上に価値ある学びなんだ。

このことが深く納得できると、あなたの授業は大きく変わってくるだろう。もちろん、算数では数理の実行手続きも学ぶんだけれど、それ以上に重要なのが数理の意味であり、さらには数理のよさや適用条件、限界にまで学びを深めてはじめて、学んだ知識・技能としての数理は現実の問題解決に適切かつ個性的、創造的に生きて働く。

オーセンティックな学びにすると文脈が複雑・煩瑣になり、予定した指導内容以外の余計なものがあれこれ混濁する。これを心配する向きもあるけれど、実際には意外なほど子どもは混乱しない。複雑で混濁しても文脈が本物でありさえすれば、子どもは具体経験や生活実感など、思考を巡らす足場となるインフォーマルな知識を豊かに所有しており、それらを駆使することで、自分に引きつけての思考や判断を進めることができる。

興味深いのは、既習事項の定着の弱い子、その教科が苦手な子も何らかの角度で参加できる可能性の高まることであり、それを契機に教科への関心が高まり、あるいは苦手意識が払拭されることさえ期待できる。

何より、複雑で混濁した状況で学んだ知識であってこそ、複雑で混濁した現実場面の問題解決での活用に耐える。僕たちはわかりやすく、混乱しないようにとの配慮から文脈の単純化や断片化を進めてきたかもしれない。しかし、不自然なまでの過剰な単純化は、子どもの授業参加への道を狭め、かえって習得の可能性を引き下げ、さらにせっかく習得した知識さえ生きて働かない質のものに留めてきたんだ。

適用題もオーセンティックに

先に例示したバスの問題だって、「60人乗りのバスがあります。バスの運転手さんは35歳です。高速道路の制限速度は80キロです。140人を運ぶには何台のバスが必要ですか?」なんてすれば、140を80で割ったり、140を60で割った後で35を足したりする子が出てくるんじゃないかなあ。するとそういった子どもは、数理の意味を本当には理解していないってことになる。それが露呈しなかったのは、テストも含め、正解するのに必要な数字しか与えられないなんていう、何とも嘘くさい文脈の問題ばかり与えられてきたからだろう。

つまり、現実の問題解決では図2－4の「問題状況」から「数理的表現」へと至る段階こそが重要で本質的なんだけど、従来の授業はそこを不当にスキップしてきた。それを変えたのがB問題なんだけど、これこそが、あんな些細な変化なのに一気に正答率が低下した理由でもあるんだ。だから、B問題は難しいとか高度だとかってつまらない言い訳はやめにして、日常の授業の文脈、コンテクストそのものを根こそぎ変えようじゃないか。

たとえば、割り算を教えた後の適用題で、割り算で解ける問題ばかり出すから、子どもは何も考えず、ただただ割り算を実行する。それではドリルをやっているのと同じで、今日学んだはずの割り算という新たな数理の意味理解には、まったく貢献しない。

だからここは、割り算で解ける問題を2問、引き算で解ける問題を1問、解けない問題、たとえば「140人の子どもがバスに乗ります。バスの運転手さんは35歳です。何台のバスが必要ですか？」なんてのも1問潜り込ませる。

すると、最初こそ140を35で割る子どもが出るし、「先生、引っかけ問題じゃないか。ずるい」なんて不満そうに言うけれど、構わないから「人生は引っかけです。つまらないことに引っかからないように、気をたしかに持って、自分自身の頭でしっかりと考えながら、毎日を大切に生きていきましょう」って、涼しい顔で言ってやればいい。心配しなくても、子どもたちはすぐにポイントをつかみ、勉強や問題解決に対する構えまで劇的に変化させてくる。なぜなら、それが本来の姿、つまりオーセンティックだってことは子どもたちにだって直感的にわかるし、その方がいいって思うからなんだ。

オーセンティックな学習は難しくなんかない。それは、授業なり学びの文脈を本来の自然なものにしてやるってだけのことなんだよ。

「科学する」理科

オーセンティックな学習というのは、本物の社会的実践に当事者として参画する多様な学びの総称だ。したがって、「科学する」理科、「文学する」国語、「アートする」美術など、学びの文脈や状況を各教科の背後にある本物の文化創造の営みに限りなく近づけていく授業もまた、オーセンティックな学習ということになる。

たとえば、理科の振り子の実験で、おもりを一個から順々に増やしていく操作があるけれど、特に指示しないと、おもりの先におもりを次々と吊るしていく子どもが結構いる。もちろん、ベテラン教師ならそのくらいは心得ているし、教科書の教師用指導書に注記がなされていたりもして、通常は先回りして誤った操作をしないよう、子どもたちに徹底した指示が出される。

でも、それでは本物の実験状況といえないんじゃないか。そう考えたある先生が、あえて誤った操作を見過ごす覚悟で授業に取り組んだ。すると、何と六グループ中五グループまでが、誤った操作で実験を開始してしまった。

この誤った操作では、振り子の糸の長さが長くなったのと同じなので周期に影響を与えるんだけど、面白いことに、誤った操作から得られたデータが、おもりが重くなれば周期は長くなるという子どもたちの予想と一致することから、実験は成功したと考えてしまったんだ。

子どもたちは意気揚々と、おもりの重さと周期は関係があると結論づけた。そして、同じ高さの位置に複数のおもりを吊るすという正しい操作をし、おもりの重さに関係なく周期は一定であると報告したグループに対し、「君たち、何かミスをしたんじゃないの」と自信たっぷりに上から目線で言い放ったんだよ。

授業は、さらに詳細に検討する中で、最終的には自分たちの方が誤った操作をしていたこと、またそれでも予想と一致した結果を出したのが多数派だったことから、ついつい自分たちが正しいと信じ込んでしまったことが深く内省される、興味深い展開となった。

授業の後、一人の子どもが、「実験は何が正しいかがスパッと出るから面白いけれど、だからこそ慎重にやらないと、とんでもない間違いをする」という感想を聞かせてくれたんだけど、思えば同様の出来事は科学史上でも幾度となく繰り返されてきた。

振り子の法則性の理解が唯一の目的ならば、こんな展開は無駄な遠回りに見えるかもしれない。でも、振り子の学習を一つの事例として科学的な「見方・考え方」も併せて狙うのであれば、むしろ効率的とさえいえるんじゃないかなあ。

このあたりが、まさにコンテンツ・ベイスかコンピテンシー・ベイスかという発想の違いの分かれ目なんだけど、どうだろう、みなさんもそろそろ、コンピテンシー・ベイス的な発想の仕方に慣れてきただろうか。

[注]

1　ジーン・レイヴ、エティエンヌ・ウェンガー（著）佐伯胖（訳）『状況に埋め込まれた学習―正統的周辺参加』産業図書、一九九三年

2-5 英語教育における基礎とは何か

外国語科の見方・考え方

二〇一七年版学習指導要領では、英語教育の抜本的な強化が図られた。まず、小学校の外国語活動が中学年からのスタートとなり、高学年では外国語が教科化される。また、中学、高校ではCAN-DOリスト形式での目標設定を推進することで、「何を知っているか」から「何ができるか」へ、さらに読む・書く・聞く・話すの四技能をバランスよく身に付けられるよう、英語学力の質的改善が目指される。

ここで注目したいのが、外国語科の「見方・考え方」だ。今回の改訂では「各教科等の特質に応じた『見方・考え方』」を示すことで、その教科等ならではの本質や対象への独自なアプローチの仕方について再確認するとともに、指導に当たり大切にすべきポイントの明確化が図られた。

外国語科では「外国語によるコミュニケーションにおける見方・考え方」という角度から、「外国語で表現し伝え合うため、外国語やその背景にある文化を、社会や世界、他者との関わりに着目して捉え、コミュニケーションを行う目的・場面・状況等に応じて、情報や自分の考えなどを形成、整理、再構築すること」を大切にするという。

いかにもという感じで納得するんだけど、同じ言語や言語文化を対象とする国語科と比べてみれば、その違いというか、両者の特質が鮮明に浮かび上がってくる。

国語科は「言葉による見方・考え方」という名称を採用し、「自分の思いや考えを深めるため、対象と言葉、言葉と言葉の関係を、言葉の意味、働き、使い方等に着目して捉え、その関係性を問い直して意味付けること」を教科の基盤に据えた。

物語文、説明文、詩や短歌などの韻文と、多様な対象を扱う国語科としては随分と苦心したんじゃないかと推測するんだけど、聞くと言語学の言語機能に関する議論を大いに参考にしたという。

ここで両者について、あえて親学問を想定するならば、国語科は文学や言語学であり、外国語科はコミュニケーション論ということになるんだろうか。すると、大学で考えても、国語科は文学部で、外国語科はコミュニケーション学部という具合に、それこそ学部レベルで違ってくるとすらいえよう。

同じ言語の教育とはいっても、国語科と外国語科では、そもそも扱っている水準がすっかり異なる。その意味でも両者の違いは当然であり、国語科が「言葉」それ自体の意味や働きについて深めていくことに、外国語科が言葉を用いて行う社会的相互行為としての「コミュニケーション」に、それぞれ指導の重点を置くのもまた妥当だなあって思うんだけれど、ならば、そのことをいよいよしっかりと踏まえた指導のなされる必要があるだろう。

何がよい紹介か

そんなことを考えていたら、研究仲間から興味深い事例の話を聞いた。中学三年生の「日本の伝統文化を伝えよう」という単元、来日間もないＡＬＴに、風鈴や着物やコタツのよさを英語で伝える授業で、教科書にもある活動だという。

風鈴を選んだ数名のうち、英語が得意な子どもは、「風鈴は夏に家の軒下に吊り下げる。すると、風によって綺麗な音がする」とか、「もともとは青銅製だったが、一八世紀にオランダから透明ガラスが伝わると、ガラス製の風鈴が数多く作られた」といった複雑な文章を、和英辞典とにらめっこしながらどんどん作っていった。

一方、英語が苦手な子がいて、どうするかなあと見ていたら、ささっと数行書いて終わりにした。ところが、いざ発表の場面になってみると、This is huurin. Please listen. と言い、実際に風鈴をチリーンと鳴らしてCool sound. とだけ語ったんだけど、これがクラスの中で一番、日本の伝統文化のよさがＡＬＴに伝わる発表となったんだ。

風鈴とは何かを正確に述べ、歴史的な事実や興味深いエピソードまで折り込みながらの説明は、決して悪い紹介ではないだろう。しかし、聞き手の知識状態や興味の方向に十分配慮した紹介になっていたかというと、今一つだったのかもしれない。

一方、背景的な知識など一切語らず、実物とその音色でもってストレートに風鈴のよさを伝えた子は、英語が苦手だったこともあるんだけど、だからこそ何を伝えることが聞き手にとって幸いなことかを、最優先で考えたんだろう。まさに「コミュニケーションを行う目的・場面・状況等に応じて、情報や自分の考えなどを形成、整理、再構成すること」に心を砕く中で、拙い英語を最大限生かしたといっていい。

パタン・プラクティスのやり過ぎ

従来の英語教育に関して、少々大げさにいえばHow are you? I'm fine thank you. から先に大きく進まないということが、強い不満として述べられてきた。これに対し、しばしば語られてきたのは、単語や文法に関する知識・技能の定着不足、いわゆる基礎・基本の不徹底であり、その対策として、さらなるパタン・プラクティスの強化が求められ、現に実行されてもきた。

しかし、近年、英語教授法の専門家の間で話題になっているのは、むしろI like to play baseball. といった例文の最後の単語をtennis、basketball、soccer と入れ替えるだけのような単調なパタン・プラクティスのやり過ぎの結果、頭と身体が凝り固まってしまい、そのことがかえって英語力の高まりを阻害しているんじゃないかとの見方だという。

子どもたちは無意識のうちに、How are you? とくれば機械的にI'm fine thank you. と応じるような定型的パタンの積み上げが、英語におけるコミュニケーションだと思い込んでいるんじゃないか。つまり、英語で何か話しかけられた時、子どもたちはそのまま丸ごと答えれば、せいぜい目的語くらい変えて答えれば済むような文を、頭の中で検索している可能性がある。そんな学習観なり構えを結果的に促してきたからこそ、膨大な単語と構文に関する知識を持ちながら、簡単なやりとりすらできない水準に留まっているんじゃないか、というわけなんだ。もちろん、そんなことでは実際のコミュニケーションなど成り立つはずもない。

単語や文法に関する知識がなければ、英語によるコミュニケーションはできない。でも、だからといってまずは基礎からと、パタン・プラクティスに明け暮れるのは得策ではない。少なくとも、単語や文法の知識をインプットするのと並行して、それらを使って多様なコミュニケーションを実践する機会を十分に設けることが不可欠なんだ。

内容言語統合型学習

この考え方を推し進め体系化したものに、内容言語統合型学習（ＣＬＩＬ：Content and Language Integrated Learning）がある[1]。ＣＬＩＬとは、ヨーロッパの非英語圏などで盛んに実践されている教授法で、理科や社会科などの教科学習と英語の語学学習を統合したアプローチのことなんだ。

従来型の日本の英語学習では、言葉としての英語そのものを教えることに重点が置かれるあまり、子どもたちは英語を使ってコミュニケートする内容について、ほとんど頭を使ってこなかった。でも、これはコミュニケーションが行われる状況としては、いかにも不自然、つまりオーセンティックではない。また、だからこそ結構な時間を費やしているのに、それに見合った水準で英語を運用できないんじゃないか。

たとえば、英語で何かについて意見を求められたとする。それに答えるには、頭の中にある内容的な知識を参照しつつ、自分の意見をまとめ、同時にそれを英語で表現するための語彙、文法、発音について考えを巡らせる必要がある。ところが、多くの日本人は脳内で求められるこの大量かつ瞬時の情報処理が追いつかず、しどろもどろになったり黙り込んでしまったりするんだ。その一因は、英語の授業で内容的な知識とそれに対する思考、さらに英語に関する言語的な知識や技能を同時的に処理するという、マルチタスク型の学習経験が圧倒的に少ないことにある。

これに対し、ＣＬＩＬでは英語を用いて新しい知識を学び、思考し、意見をまとめ上げ、表現し、議論するという一連のマルチタスク的操作を日常的に行う。つまり、現実のグローバル社会での英語運用と同様の状況なり文脈で学ぶんだ。

すでにお気付きの通り、ＣＬＩＬもまたオーセンティックな学習の原理、すなわち、現実世界に存在する「本物の実践」に可能な限り文脈や状況を近づけて学びをデザインしてやれば、習得された知識や技能も本物となり、現実の問題解決に生きて働くという考え方に立脚している。そして、これらの動向はすべて、英語教育における基礎とは何かを見直す必要性を強く訴えている。

少数民族の現状について英語で学ぶ授業

先日、そのＣＬＩＬの典型的な授業を見たので報告したい。中学二年生、少数民族が置かれた現状とその問題について英語で学ぶ授業だった。

まず、子どもたちは社会科の学習とも関連付けながら、日本も含め、一国の国民は多様な民族によって形成されている場合が多いこと、また、多数を占める民族と少数民族が共存しており、時に複雑な問題が生じることなどを学ぶ。

次に、数名のグループに分かれ、それぞれが一つの少数民族について調べ、意見をまとめる。どの少数民族を取り上げるかはあらかじめ教師が定め、読み込むべき資料も準備されてはいたんだけど、担当は子どもたちの希望に基づいて調整された。

資料は中学生向けの教材として作られたものではなく、本やインターネットなどに掲載された文章に最小限度の加工を施したものであり、いわゆるオーセンティック教材になっていた。当然、習っていない単語もあるんだけど、子どもたちは辞書とにらめっこしながら、協働で何とか読み進めていく。

それが終わると、子どもたちは資料についてグループで話し合い、必要に応じて日本語で書かれた他の資料なども参考にしながら、自分たちの主張をまとめあげ、発表用の原稿を作成する。参観した授業はその後のグループ発表の場面で、質疑応答も含め、基本的にすべて英語で行われていた。

もちろん、中学二年生だから、英語力の限界から言いたいことや聞きたいことが十分には表現できず、まどろっこしい場面やたどたどしい場面も多い。それでも、特定の少数民族に固有な問題と、多くの民族に共通する部分が次第に明らかになっていった。そして、その一部は社会科的にさらに深めるべき課題として整理されていく。

授業の終盤には言語のことも話題となり、公用語の必要性と、それへの同化を迫られる少数民族の立場や思いについて活発に議論された。そして、国際共通語としての位置付けを持つ英語を学ぶことの意味についても、意見が交わされたんだ。

興味や知識があれば読める

何のために読むかという目的意識なり文脈がはっきりしていれば、また、内容の理解に関わる十分な知識があれば、中学生でも長い文章を読みこなし、さらに、それについて結構本格的な議論ができるという事実に、僕は大いに驚かされた。逆にいえば、従来の英語学習では、子どもたちは目的や文脈や関連知識を欠いたまま読んだり書いたりしていたわけで、極めて不利な状況に置かれていたということなんだろう。

もちろん、そんな状況でも読んだり書いたりできれば、それに越したことはないし、それこそが最終的に目指すべき英語力なのかもしれない。でも、そんな状況は現実にはかなりまれなんじゃないかなあ。

僕たちが英語を読む典型的な状況というのは、まずは日本語で調べ、かなりのことがわかった上で、さらに詳しいことや、日本語では紹介されていない側面のことを知ろうとする時だろう。したがって、特定の英文を読む段階では、そこにどんなことが書かれているのか、だいだいのところまでは予測がついているのであり、また、その内容を理解するのに必要な一定の関連知識も持っている。さらに、何のために読むのか、より具体的には読んで意味が取れた後、何をするのかといった目的なり文脈もはっきりとしているのが普通だろう。つまり、このような状況が、英語を読むという活動が埋め込まれているオーセンティックな状況なんだよ。

ならば、まずは子どもたちにとって必然性のある文脈で、また、書かれている内容について十分な知識を持っている事柄について学ぶことから始めてはどうか。先の実践は、まさにそのような考え方に基づく取組みになっている。

同様の原理に依拠した実践はほかにもある。たとえば、教育困難校の高校で、スポーツや映画やアーティストなど、生徒各自が関心のあるホームページを一ページ丸ごと翻訳し、紹介するという授業を試みた先生がいる。生徒たちは、そんな長い英文を独力で訳した経験なんかもちろんなく、当初は「先生、そんなこと、私たちにできるはずがないよ」と、不満たらたらで言っていたという。

ところが、いざ読んでみると意外なほど読める。それもそのはずで、書いてある内容は、いずれもすでによく知っていることだった。生徒たちは思いがけずスラスラと読めるのに驚き、次第に嬉しくなり、ついには懸命に取り組むようになっていく。

もちろん、それでもはじめて知ることもあり、自分が大いに関心のある事柄だから、生徒たちは「大発見」に思わず歓声を上げる。そして、「英語が読めるといいことがある」と、英語を学ぶ意義をも自ら発見していったんだ。さらには、すでに知っていることでも、英語だとこんな表現や言い回しになるといった事柄にも、次第に興味を持つようになっていったというんだけど、これなんかは英語科が目指す重要な学力といっていいだろう。

基礎への過剰なとらわれ

学びの文脈をオーセンティックなものとすることで、英語学習の様相がすっかり変わることを見てきたけれど、なかなかに悩ましいことも起こる。

先に紹介した中学の授業で、生徒が発表用に作成した模造紙の文章の中に、単語や文法のミスがあった。女性が厳しい状況に置かれているということを訴える文の中で、womans と書かれていたり、三単現の s が抜けていたりしたんだ。

当日は研究授業なので多くの参観者がいたんだけど、それまで大いに感心して授業に見入っていた人の間から思わずため息が漏れた。中には、ひそひそ声で「馬脚を現した」とまで言う人までいたんだ。

僕自身も少なからずがっかりし、同行したアメリカ人に「どうなかあ」と尋ねたところ、彼は涼しい顔で「問題なく通じるよ」と言ったから、僕の方がむしろ驚いた。それどころか、彼は「どうして日本人は単語の綴りのちょっとした間違いとか、文法でも細かなところばかりやたら気にするのかなあ」と、怪訝な顔で尋ねてきた。そして、「君の大学院の授業にも、中国や韓国からの留学生がいるだろう。彼らは外国語である日本語で日本の教育について調べ、考え、懸命に議論しているじゃないか。その彼らの報告や議論を君は聞いていて、『今の発表は視点が斬新で、とてもよかったです。でもね、そこは「は」ではなくて、正しくは「を」ですよ』なんてことを言うのかい」と問われ、はっとした。そんな馬鹿なことを言うわけがない。もちろん、助詞の使い方がより適切になるのはいいことだけど、まずは内容だろう。

それにしても、発表用の模造紙は数日前には完成し、生徒たちは教師にも見せている。なぜ、事前に指導しなかったのか。担任に聞くと、案の定、アメリカの友人と同様の答えが返ってきた。

「あの womans でしょう。もちろん、一瞬気にはなったんですよ。今回は研究授業でしたしね。でも、あれを私が直しちゃいけないんですよ。生徒たちは内容的なことについて私の意見を聞こうと、あの模造紙を持ってきているわけです。そこで、『ここは womans じゃなくて women て書くんだよ』と言ったら、彼らはどう思いますか。もちろん、womans のままでいいわけじゃない。あれはね、授業での内容的な議論がすっかり終わった後、休み時間か何かの時に生徒の誰かが指摘してくれるんです。すると、本人たちは、あくまでも内容的なことが大切なんだけれども、併せて単語や文法的なことにも注意しようという意識になっていく。それでいいんじゃないかって、思うんですね」

話を聞きながら僕は、長年にわたり英語学習の基礎だと思い込んできたものは、いったい何だったんだろう。もしかすると、それらへの過剰なとらわれが、かえって英語学習の質を損なってきたのかもしれない。今回、外国語科に導入された「外国語によるコミュニケーションにおける見方・考え方」は、そこを改革する強力な拠点になるんじゃないか、などと考えた。

そんなわけで、英語学習の今後に大いに期待したい。と同時に、このことは英語なり外国語科に限ったことではないだろう。すべての教科等について、基礎とは何かをあらためて問い直す時期に来ているように、僕には思えて仕方がないんだ。

また、この問いと正面から向かい合うことなくしては、資質・能力の育成や、コンピテンシー・ベイスの教育の実現もありえない。この国の教育はなかなかに難しい地点に差し掛かっているということを実感すると共に、さまざまな難問を一気に解決へと導く千載一遇の好機でもあると、僕は予感している。

［注］

1　CLIL（内容言語統合型学習）については、たとえば、以下などを参照のこと。
渡部良典・池田真・和泉伸一（著）『CLIL（クリル）内容言語統合型学習 上智大学外国語教育の新たなる挑戦 第1巻 原理と方法』ぎょうせい、二〇一一年
笹島茂・山野有希（編著）『学びをつなぐ小学校外国語教育のCLIL実践「知りたい」「伝え合いたい」「考えたい」を育てる』三修社、二〇一九年

2

6 「伝達・確認・習熟」の授業からの脱却

通俗的理解を問い直そう

2－4では、授業の文脈を現実世界で普通に行われている人々の実践に近づける、オーセンティックな学習という考え方について紹介した。続く2－5では、CLILをはじめとする近年の動向を中心に、オーセンティックな学習の理念に基づく改革が急速に進行している英語学習の様子を素描してみた。

オーセンティックな学習は、時に授業の文脈を複雑・煩瑣にするんだけれど、すでに見てきたように、いかに複雑であってもそれが本物である限り子どもはへっちゃらだし、むしろさまざまな生活経験やそこで得た気付き、その教科はもとより、他教科で学んだ知識や技能も多様な角度からいかようにでも持ち込めるという圧倒的なメリットがある。

かくして、より多くの子どもたちの個性的で創造的な授業参加が誘発され、その結果として実感的な理解や活用の効く知識が楽しく着実に身につくという、一見不可思議とも思える授業が現出する。でも、それが実際なんだから仕方がない。むしろ、長年にわたり僕たちが勝手に思い込んできた学習観や知識観、それこそが従来の授業づくりを枠づけているんだけど、そっちの方が事実に合わない、いかがわしいものなんじゃないかなあ。

繰り返し書いてきた通り、二〇一七年版学習指導要領の趣旨を正確かつ包括的に理解するには、学習や知識に関する科学的な理解が不可欠なんだ。そして、僕たちがこれまでの授業づくりで暗黙の前提としてきたであろう通俗的理解は、結構間違っている。具体的には、転移がそうそう簡単には起きないとか、子どもは生まれながらにして学ぶ力を持っているとか、領域固有知識の単なる所有は人生の成功を予測しないとか、すでに見てきた多くの常識に反する科学的事実が、ここ数十年の間に次々と明らかとなってきた。

それらを総合する時、もっともいかがわしいし、とんでもない悪さをしていると僕が思うのは、授業とは「伝達・確認・習熟」なんだというイメージであり、そこから生まれるお決まりの型、つまり授業定型なんだけど、ここではそれを本気で疑ってみようと思う。

子どもが文脈を見通せないまま進んでいく学び

「伝達・確認・習熟」の授業は、教師が一定の知識を伝達するところから始まる。もちろん、その途上では子どももあれこれ意見を述べるし、議論もするんだけど、基本的には教師が目指すゴールに向けての予定調和的な筋書きに沿うよう、問いと答えの距離が短く、幅も極端に狭い発問の連続により、綿密にコントロールされている。

なので、当の子どもはといえば、そもそも全体としてなぜ今このことがそれほど問題になるのかを、今一つ了解してはいない。つまり、問題解決の全体像を成すはずの文脈、これこそが実はとても大切で、オーセンティックな学習もまさにそれを本物にしようとしているわけなんだけど、その肝心な文脈を十分に把握しないまま、個々の発問に子どもは誠実かつ懸命に答えていく。そして、その答えを足場に教師は次なる発問を繰り出し、子どもは再びその問いに局所的に答えるというパタンを延々と繰り返していくと、あれあれ、いつの間にか教師が目指していた地点にたどり着いちゃった、という具合なんだ。

このように文脈の全体像が見通せていない、あるいはそれに子どもが必然性を感じない、したがって子どもの側に切実な問いがないままに展開する、なのでたどり着いた知識も納得や実感的理解とは程遠いといった授業は、結構ある。そして、それでは学びとして弱い。少なくとも、自在に活用の効く、生きて働くような質の知識にはなっていかない。

二〇一七年版学習指導要領では、そのあたりの知識の質をこそ抜本的に改善しようというわけだから、授業の在り方も子どもが文脈を把握でき、「なるほどそのことは考えなきゃいけないなあ」「これは問題だぞ」と思えるようなものへと変えていきたい。

オーセンティックな学習はその方向へと向かう戦略の一つだし、ほかにもいろいろといい行き方があるだろうけど、実践的には子どもの側に身近で切実な問いが無理なく立ち上がるというあたりが、共通するポイントなんじゃないかなあ。身近で切実なんて随分と古典的だけど、そう考えるとこの国の実践資産の中に参考にすべきものはたくさんありそうだから、実はそんなに困り果てることもないんじゃないかって、僕は思うんだ。

「どうでもいいです」

さて、「伝達」によって一定の知識にたどり着くと、次には「わかりましたか」とか「いいですか」などの常套句によって「確認」がなされる。子どもたちは「はい」とか「いいで〜す」とにこやかに応じるが、どうして納得も実感的理解もしていないのに、こんな反応をするんだろう。

もしかすると、授業とは先生が一方的にどんどん進めるものなんだという授業観を子どもたちは持っていて、だからまあ「いいです、いいです、どうでもいいです」という意味合いというかノリで、気楽に「はい」「いいで〜す」と応じているんじゃないかなあ。

もちろん、中にはもっと真剣に学びに向かっている子もいて、するとこの段階で、「いや。よくない、よくない」

「僕はもうひとつ納得がいかない」などと言いたいのかもしれない。でも、そんなことを正直に言おうものなら、教師の機嫌は一気に悪くなるし、仲間からもブーイングの嵐となるだろう。挙句の果てに「ちゃんと聞いていましたか」などとあらぬ嫌疑をかけられたり、ならばということで再度の説明が始まり、ついには休み時間が削られたりするから、まあ賢明な子どもたちはここで無駄な抵抗はしないという、人生においてもっとも重要な戦略だけは見事に学び取っており、しかも上手に活用しているってわけなんだ。

したがって、「いいですか」「いいで〜す」といったやりとりでもって、子どもたちの理解状態の「確認」は済んだ、その意味で自身の責任は十分に果たしたと教師は考えているかもしれないけれど、子どもの側にはそんなつもりは毛頭ない。こういった両者の誤解というか乖離に、そろそろ気付いた方がいいんじゃないかって、僕は思っている。

ちなみに、授業を通して子どもたちは、教科内容とは別に、このような必ずしも教育的に望ましいとはいえない処世術の類を数多く学んでいる。これを教育学では「隠れたカリキュラム」と呼ぶんだけど、それは時には教科内容以上に子どもたちの学びに支配的な影響を与えている。「隠れたカリキュラム」を最初に概念化したフィリップ・ジャクソンは、学校生活から子どもが真に学び取っているのは、同じスリー・アールズでも読み（Reading）、書き（wRiting）、算（aRithmetic）ではなく、近代社会が規律訓練のために生み出した社会装置としての学校での抑圧的で過酷な生活を生き抜くのに必要な、規則（Rules）、規制（Regulations）、慣例（Routines）なんだという、鋭い洞察を提起している。

練習にだって頭を存分に働かせたい

さて、そんな風にしてともかくも一定の知識を子どもに教えたことになるのが「伝達・確認・習熟」の授業なんだけど、実感も抱いていなければ深く納得もしていないから、当然のこととして、そのままだといずれはすっかり忘れてしまう。なので、忘れないようにと「習熟」が図られるという手筈になっていて、そこで用いられるお決まりの戦略が「反復練習」だ。

この反復練習にも深刻な問題は山ほどあって、かつては生徒指導上の罰として漢字なり英単語の練習をさせた教師もいたけれど、さすがに今はそんな無茶をする学校なり教師は皆無だと信じたい。なぜなら、そんなことをすればするほど、勉強は本来的に人が嫌がる、避けるべき対象であるという「隠れたカリキュラム」を強化していることになり、子どもは学びを自分事の楽しい営みだなんて、間違っても思わないようになっていくだろう。

反復練習を巡る最大の問題は、漢字でも英単語でもいいんだけど、どうして一〇個書かせるのかだ。一〇回書けば定着するって、誰か確かめたんだろうか。実際、子どもが英単語の練習をするのを観察していると、五つくらいまではスペルを確認しながら、つまり目や頭を働かせながら書いている。ところが、それ以降になると手しか動いていない。なので、一度に同じ単語を書かせて練習するなら五つで十分で、それ以上は無駄だし、かえって有害かもしれない。

それが証拠に、終わりの方にいけばいくほど書きぶりが粗雑になっていく。これは漢字でも低学年のひらがなやカタカナでも同じで、ただただ機械的にたくさん書かせることを日々繰り返すと、一つだけ確実に起こることがあって、それは次第に文字がきたなく雑になっていくことなんだ。

つまり、反復練習といえども、ただただ手を動かせばいいというものではなく、本来あるべき状態はどんな状態なのかを知り、それと自身の現状を照らし合わせ、どこをどんな風に改善すべきなのか、そのためにはどこに注意し、どんな筋道で進んでいくのがよさそうかといったことに関する明晰な自覚なり見通しを当の子どもが抱いていることが、やはり大切なんだ。そして、これもまた学びの大きな文脈ということになる。

文脈ということでいえば、一個の漢字なり英単語を繰り返し書いて練習するよりも、意味のある言葉や文の中で書いて練習する方がいいって主張は以前からよくなされてきた。さらには、練習のための練習なんか極力やめにして、というのも文字はそもそも思想の表現なりコミュニケーションの手段なんだから、もっぱらそういったオーセンティックな文脈で書く中で、次第に身に付けていくようにすべきだって意見もある。その典型は、一九八〇年代にアメリカで活況を呈したホール・ランゲージ、直訳すれば「全体としての言葉」という言語教育の一大運動で、日本でも盛んに紹介されたから、知っている人も結構いるんじゃないかなあ。

もちろん、その場合には書く量それ自体を圧倒的に増やす必要があり、たとえば日記や学習感想なんかを日常的にしっかり書くようにするといった工夫がなされてきた。興味深いのは、意味のある文脈で文字を書く機会を増やし、それが結果的に練習と同じ機能を果たすようにした方が、綺麗な文字をスピーディーに書けるようになっていくことだろう。理由は明白で、そういった状況では、子どもは常に頭や目を存分に働かせている。

それでもなお、「そうかなあ。練習なんだから、手が動いていればそれでいいんじゃないかなあ」という人は、学習というのは「習うより慣れよ」だと思っているに違いない。もちろん、身体で覚えるということもあるとは思う。でも、僕たちはあまりにもそれに頼りすぎてきたんじゃないかなあ。もっと頭や目を使って、思考や言語による制御の下で学ぶってことを考えた方が得策なんじゃないかって、僕は思うんだ。

それこそ体育についてさえ、思考や言語をもっと活かした学習にしていこうという機運が、近年高まってきている。そういった動きの意味を深く自問自答するならば、いつまでも「伝達・確認・習熟」という授業定型にしがみついてばかりもいられないことに、誰しも気付くに違いない。

2 7 明示的な指導

学習経験を関連付け俯瞰的に眺める

「人間の生涯にわたって続く『学び』という営みの本質」を巡って、学習に関する近年の科学的研究が提起する第三の洞察は、「学びの意味を自覚化し、整理・統合する必要がある」というものだ。

状況的学習の考え方が示す通り、学びは領域固有で状況に依存しているから、多くの場合、子どもたちは今日の学びを今日の教材や問題場面との関係でのみ把握して終わりにしてしまう。でも、それじゃあ領域や場面を超えて知識を自在に活用し、創造的な問題解決を成し遂げることなんか到底できやしない。学びを今日の文脈から解き放ち、自由に動き回れるようにしてやる必要があるんだ。

たとえば、振り子の実験で「どんな工夫が必要かな」と問えば、さまざまに試してみる中で、子どもたちは「何度も計って平均値を取ればよさそうだ」と気付く。この段階で教師は「誤差の処理」を理解したと思いがちなんだけど、いまだ「振り子」という具体的な対象や状況との関わりでの気付きに留まっていて、「誤差の処理」という抽象的な概念的理解にまでは到達してはいない。

そこで、授業の最後に「どうして今日の実験では何度も計っていたの」と尋ねると、子どもたちは「理科の実験では正確なデータを得るためにいつもそうしているから」などと答える。ここで、「そうかなあ。この前の電流計の時には何度も計ったりはしていなかったよ」と切り返してやれば、子どもは「だって、電流計はピタリと針が止まるから。ああ、そうか、同じ実験でもいろいろな場合があるんだ」とようやく気付く。

そこで、この発見を契機に、これまでの実験や観察の経験を総ざらいで整理し、それぞれの工夫を比較しながら、その意味を丁寧に確認する授業を実施する。そして、整理の中で見えてきた科学的探究を構成するいくつかの鍵概念について、子どもたちが自在に操れるよう「条件制御」「系統的な観察」「誤差の処理」などの言語ラベルを与える。さらに、それらの鍵概念を用いて新たな実験や観察について思考を巡らせる機会を適宜設けるんだ。こんな風に、はっきりとそれとわかるような明示的な（explicit あるいは informed）指導を、しかも段階を追って丁寧に実施することにより、子どもたちはこれまでの実験や観察の経験を足場に、次第に科学の方法論やその背後にある論理を深く理解するようになっていく。

いかに科学的な原理にのっとった実験や観察であっても、単に数多く経験しただけでは、科学的な「見方・考え方」や方法論を身につけ、自在に繰り出せるようになるには、なお不十分なんだ。さらに、表面的には大いに異なる複数の学習経験を関連付け、俯瞰的に眺め、そこに共通性と独自性を見出すことで、統合的な概念的理解へといざなう必要がある。

教科の得意・不得意を分けるもの

興味深いことに、その教科が得意な子どもは、この統合的概念化をいつの間にか自力で成就している。同じ教室で実験に取り組んできたのに、その経験が単なる個別的な実験の記憶に留まっている子どもがいる一方で、そこから科学とは何かを高度な水準で感得し、さらにはそれらを理科とは異なる対象や領域、たとえば社会的事象の検討にまで上手に活用する子どもがいるんだ。

その子たちは、必ずしも優秀なわけじゃない。たまたま、そういった思考に意識が向かいやすかったと考えた方がいいだろう。それが証拠に、別な教科ではまったく概念化や統合が進んでいなかったりもする。

教科の得意・不得意も、このことと大いに関係がある。なぜなら、統合的概念化に成功した途端、バラバラとたくさんのことを勉強してきたと思っていたその教科が、ある一貫した発想なり原理で世界を眺め、枠づけて理解しようとしていたんだということが晴れ晴れと見えてくるからだ。そして、膨大な領域固有知識が、一握りの概念や方法論で手際よく構造的に整理できることに気付くだろう。まさに、2-1で見た物理学の熟達者のスキーマのような状態へと、知識構造が組み変わっていくんだよ。

もっとも、これはかつてブルーナーが構造（structure）という表現を用いて強調した考え方にほかならない。ブルーナーは、その教科の根底にある基礎的・一般的概念を構造と呼び、それをこそ優先して教えるべきだと主張した。ブルーナーは、その意義として次の四点を挙げている[1]。

① 教科の基本的な構造を理解すれば、教科の内容を理解しやすくなる。

② 構造を理解し記憶しておけば、関連する細かい部分はそれをもとに再構成したり想起できるので、細かな事実的知識をいちいち記憶する必要がなくなる。

③ 構造は一般性をもつ基礎的な概念なので、後に出合う事柄を、すでに習得している構造の特殊事例として理解することができる。構造は、関連する特殊な内容を学ぶ際のモデルとして機能する。

④ 伝統的なカリキュラムでは、小中学校で学ぶ初歩的な知識がその学問分野の発展からあまりに遅れているため、高校や大学で学ぶ知識との間にギャップが生じ、かえって子どもたちを惑わせることもあった。構造を重視すれば、これら初歩の知識と進んだ知識のギャップをせばめることができる。

近年、その教科等で学ぶ膨大な領域固有知識を手際よく構造的に整理することを可能にする概念、いわばその教科の中核概念に注目し、子どもたちが中核概念を意識しながらその教科を学べるよう授業やカリキュラムを工夫することで、より深い意味理解を促すと共に、知識の統合化を推進しようという動きが活発化している。中核概念の名称については、ビッグ・アイデア、セントラル・アイデア、本質的な問いといった具合にさまざまだし、それぞれは微妙にその意味合いが異なったりもする。でも、基本的な発想それ自体はブルーナーの構造を下敷きにしていると見ることができるし、最終的に目指している子どもの学びなり知識の質においても、多くの共通点があるといっていいだろう。

「お道具箱」の整理

ならば、すべての子どもがすべての教科等で統合的概念化を成し遂げられるような明示的な指導を、意図的・計画的に実施してはどうか。

具体的には、二つのアプローチが考えられる。

第一のアプローチは、先に理科で述べたような、個々の教材を拠り所に積み上げてきた学びについて、どこかの時点で俯瞰的に眺める機会を設けて学びの意味の自覚化を促し、さらに相互に比較し、整理する中で統合的概念化へ導くという行き方だ。

これがもっとも奏功するのは、国語科だろう。たとえば、五年生の学年はじめに四年生までの教科書を全部持ってこさせ、すべての説明文教材について、そこで何を学んだかを振り返っていく。すると多くの場合、子どもたちは「たんぽぽの知恵」とか「大豆をおいしく食べる工夫」なんて言うだろう。学びが「たんぽぽ」や「大豆」など、教材文で取り上げた題材や対象といった特殊的な文脈にべったり貼り付いているんだよ。

そこで、それら題材や対象のことは一旦脇に置いて、純粋に形式的な意味でどんな読解の着眼や方略を学んだかを確認していく。少し時間はかかるけれど、徐々に「問いと答えの応答関係」「具体例を挙げる順序」「列挙や対比など具体例同士の関係」「事実と意見の書き分け」といったことが子どもなりの表現で想起されてくる。

さらに、複数の学年の学びを俯瞰的に見ていくならば、「問いと答えの応答関係」一つをとっても、実に多くの学びを経験してきたことが自覚されるだろう。最初にこの教材で「~でしょうか」「このように~のです」という問いと答えの応答関係を学んだこと、問いと答えの応答関係に注目することで、説明文の構造が把握でき、うまく読解できること、そして、問いと答えの応答関係は他の教材文でも多く用いられていること、学年が上がるにつれて問いと答えの間の距離が長くなり、その間に位置付く事例の数も増えてきたこと、文章によっては「~でしょうか」「このように~のです」ではなく、別な表現で問いの文や答えの文の働きをさせている場合もあること、長い説明文では問いと答えの応答関係が複数あったり入れ子状態になっていたりすること、といった具合だ。

万が一、ここでそういったものが一切想起されず、いつまでたっても「食べにくい大豆をおいしく食べられるようにする工夫」みたいなことばかりが出てくるようであれば、それはいかにあなたの、あるいはあなたの学校の国語授業が間違った方向で展開されていたかの証拠といっていいだろう。そんな質の学びでは、教科書の教材文は読めたかもしれないけれど、そこで学ぶはずの読解の戦略や着眼を活用して、はじめて出合う新たな文章を自力で読みこなすことはできない。あるいは、読むことはそれなりにできたとしても、学んだ知識や経験を書くことに活用することは、絶望的といっていいだろう。

もっとも、実際にはそういうことはかなりまれで、学習経験を俯瞰的に比較・整理・統合していく中で、むしろ子どもたちがしっかりと学んでいることがあらためて判明することの方が多い。国語科に限らず、日本の授業の質は決して低くはない。それどころか、単位時間あたりで見れば世界でもトップクラスだろう。問題は、そこで手渡したつもりの読解の着眼点なり方略、いわば読解の「お道具」に明確な名前が付いていないこと、さらに子どもたちの「お道具箱」が一度も整理されてこなかった点にある。

子どもたちはなかなかにいい「お道具」を持っているんだけど、それを持っていることを自覚しておらず、したがって実際に使うことができない。あるいは、使っていても何をどう使っているのか明晰には自覚していないから、せいぜい読解には使えても、文章作成では一切使えない。読解で教えた着眼点や方略は、最終的には文章作成に駆使できるところまでを視野に入れるべきだろう。すると、どうしても個々の「お道具」の自覚化と命名、さらに「お道具箱」の整理が不可欠であり、また有効となってくる。

さらに、整理された「お道具箱」を駆使して新たな文章を読む機会を設けたい。具体的には、命名した「お道具」の数々を短冊状の紙に記して教室の壁に貼り、いつでも参照できるようにした上で、五年生の教科書に載っている説明文教材を読んでみるんだ。すると、国語が苦手だった子どももいきなりスラスラと、またかなり正確に読める。と同時に、「こんな書きぶりははじめてだ」という箇所にもすぐに目が止まるだろう。それこそが、この教材を通して五年生で新たに学ぶ内容なわけだから、なぜそのような書きぶりをしているのか学び深めていけばいい。そしてここでもやはり、先に整理した「お道具」が使われる。すでに持っている「お道具」との積極的な比較や関連付けにより、今回の教材文で新たに見出した説明文読解の「お道具」の特徴や位置付けを、いっそう明確にすることができるんだよ。しかも、単元全体として見た場合、従来よりもかなり少ない時数ですべての学習を終えることができるだろう。

これは驚くに値しないばかりか、いかに従来の国語授業が不効率であったかを示唆している。実際、「お道具箱」の整理と整理した「お道具」の活用の繰り返しにより、年間でも大幅な時数の圧縮が可能になることがわかってきた。たとえば、これを数年間徹底したある学級の子どもたちは、六年生ではすべての内容と教材の学習を、規定の一七五時数に対し一〇〇時数で終えることができた。余剰の時数は、発展的な文章の学びや、子どもたちがさらに学び深めたいと願う言葉や文の学びに用いることができる。

もちろん、ただ単に授業を早く進めたり、時数を圧縮すればいいってもんじゃない。でも、少しの工夫で大幅な効率化が図れるんだから、試みる価値は十分にあるだろう。

しかも、すでに持っている「お道具」を自覚し、しっかり活用していくということ自体は、ごく普通に行われてしかるべき学習の進め方なんじゃないかなあ。たとえば、算数あたりでは、既習を活かして未習に挑むというのは基本中の基本ということになるだろうし、少し算数に詳しい先生ならば、普通にやっているに違いない。

少々厳しい物言いにはなるんだけど、これが従来の国語科ではやや不徹底だったということなんじゃないかって、僕は思うんだ。もっとも、少し頭を切り替えて実践してみれば、特段難しいことじゃないってことはすぐにわかるだろうから、是非とも果敢に挑戦してみてほしい。

いきなり核心に切り込むアプローチ

明示的指導の第二のアプローチは、その教科等の鍵概念、ブルーナーの構造を先に明示し、それに沿って個々の学びを一貫したやり方で進めていくというものだ。

たとえば、知人がオランダで中学校の歴史の最初の授業を見たんだけど、教師がいきなり「歴史には書かれた歴史と書かれていない歴史がある」と語り出したという。そして、書かれていない歴史の例として、パルテノン神殿の写真なんかを見せる。一方、書かれた歴史には二種類あって、その当時の手紙や裁判の記録などの一次史料と、後の時代に書かれた歴史書のような二次史料があるというんだ。すると、教科書ははるか後の時代に書かれた歴史になるから、しっかりと疑ってかかる必要があるし、そこで役立つのが当時の書かれた歴史や書かれていない歴史だっていうんだよ。

ここまで単刀直入に中核概念を明示的に指導するのは、ちょっと驚きだ。でも、子どもたちには歓迎されるかもしれない。なぜなら、歴史学の認識論の一番の核心をいきなり明示してしまうわけで、するともうほぼこれで全部だから、後から後からあれこれたくさん出てくることはなく、かえってスッキリするし、安心して学べる。

まずは一番本質的なものを一気に教えるという発想は、数学教育協議会の「水道方式」における「一般から特殊へ」なんかにも通じる考え方だ。「水道方式」でも、それにより子どもたちが迷うことなく学びを進められると主張されていた。

ここで気を付けたいのは、最初の時間にこんな話をしたからといって、それで歴史的な「見方・考え方」や方法論が身に付くわけではもちろんないということだ。むしろ逆で、この段階では子どもたちにはぼんやりとした理解しか形成されてはいないだろう。先生が言っている意味がよくわからないという子どもも、少なからずいるに違いない。

でも、それで一向に構わない。なぜなら、この後の授業では毎時間一貫して、この枠組みで個々の事象を丁寧に検討していく。子どもたちはさまざまに異なる出来事やその影響なり意味について、繰り返し同じ「見方・考え方」で思考する経験を積み上げていく。その結果として、次第に彼らの中に歴史的な「見方・考え方」や方法論が確立されていくという仕組みなんだよ。

日本の教師は教えたことがただちに理解されないと、それはまずいことだと考えがちだ。しかし、概念的な理解は表面的には異なる数多くの対象に対し、繰り返し一貫したアプローチで思考し判断を下していく中で形成されていく。したがって、このオランダの授業のように先に概念を明示するやり方を選択した場合には、ただちに深い理解がなされなくても構わないんだ。

さて、見てきたように、明示的な指導により自在に活用の効く概念的な理解を生み出すアプローチには、先に理科や国語を例に述べたような、個別的な学習経験を後に整理する中で気付かせるやり方と、オランダの歴史の授業のような先に中核概念を教えるやり方の二つがある。

ここで、「どちらのやり方の方が優れているんですか」と尋ねたい気持ちはよくわかるけど、それは時と場合による。むしろ、僕たちには選択肢として有効なアプローチが二種類あると考えた方が楽しいし、その選択の主体は自分自身なんだと考えれば、さらに楽しくなるんじゃないかなあ。

[注]

1 J.S.ブルーナー（著）鈴木祥蔵・佐藤三郎（訳）『教育の過程』岩波書店、一九六三年、岩波オンデマンドブックス、二〇一四年

2 8 日本人が論理的な文章を書けない理由

論理性の欠如は日本の文化的風土や日本語の特質に由来するのか

前節では、明示的な指導の例として、国語科の説明文読解の学びを俯瞰的に整理・統合する方法について述べた。もし、あなたがこの考え方なり進め方に共感し、本気で実践してくれるとしたら、その時には、さらにもう一段子どもたちの言語能力を高めることを視野に入れてほしい。

具体的には、明示的な指導、つまり「お道具箱」の整理と整理した「お道具」の活用に際して、せっかくなら読解で学んだことを読解で使うのみならず、さらに文章作成でも存分に活用できるようにしたいじゃないか。僕は、説明文読解の学習の最終目標は、そこで学んだよい説明文の要件を活かして、わかりやすく論理的で説得力のある文章を自分らしい表現や構成で書けるようになることだと考えているし、十分に可能だとも思っている。

「なるほど。読解の学びを文章作成にも反映させることができれば、それは一石二鳥かもしれない。でも、一つ気になることがあるんだ。よく、日本人は論理的に思考したり表現したりするのが苦手だっていわれる。もし、そうだとしたら、せっかく取り組んでもなかなかうまくいかないいんじゃないかなあ」

たしかに、そういった言説は広く流布されてきた。そして実際、僕がアメリカ留学に送り出した学生の中にも、最初に提出したエッセイに対して「論理性が欠如している」と評され、他の国や地域から来た学生たちと同じスタートラインに着くのに随分と苦労した学生が何人もいた。

こういったことの原因については本当に諸説あって、長年にわたり日本が多文化性の比較的低い国であったこと、以心伝心や空気を読むことをよいこと、当然のことと考え、また期待する文化的風土などから、論理明快に自分の意見を述べる必要が少なかったからではないかという人もいる。

あるいは、思考は言語に依存するから、日本語の特質に由来すると考える人も少なくない。たとえば、語順によって意味が決まる英語のような「孤立語」と違い、日本語は「膠着語」であり、助詞によって意味が決定されるため、語順の自由度が高く、それが曖昧性を生み出しているんじゃないか。さらには、日本語は述語が最後に来る「文末決定性」という特質を持つから、肯定か否定か疑問なのかが最後までわからない。このことが、明確な主張を持たずともとりあえず語り出すことを可能にしていて、それが論理の明晰さや一貫性を欠くことの遠因なんじゃないか、というんだ。

なるほどと思うし、ほかにも考えられる要因はあるだろう。しかし、教育学的に見るならば、およそ最大の原因は国語教育における作文指導の偏りにあると考えられてきた。これは国語や言語の教育を専門とする人たちの間ではすでに広く知られていることで、たとえば、渡辺雅子先生の『納得の構造―日米初等教育における思考表現のスタイル』「なんかはよくまとまっていて、すっかり「納得」させられる「構造」になっている。ここでも、そういった研究を参考にしながら、これからの国語教育について考えてみたい。

教育のガラパゴスとしての読書感想文と行事の作文

多くの人が作文といわれて思い浮かべるのは、読書感想文と行事の作文なんじゃないかなあ。でも、大人になってから、これらを何回書いただろう。いや、そんな機会、経験は皆無に違いない。ではなぜ、先々書く機会のない文章を、しかもあんなに頻繁に、大量に書いてきたんだろう。

その一方で、多くの人が仕事上の必要なんかから毎日のように書いている、一定の事実や証拠に基づき、そこから論理を積み上げて明快な主張を展開する文章、学校教育的には説明文ということになるんだけど、それを書く訓練を学校でしっかり受けたという人は、驚くほど少ない。

ちなみに、アメリカの作文指導はというと、説明文を書くエッセイ・ライティングを中心に、物語や日記の形式で創作的な文章を書くクリエイティブ・ライティングをバランスよく行うのが一般的だ。対して、日本の作文指導では、エッセイ・ライティングもクリエイティブ・ライティングもほとんど行われず、ただただ読書感想文と行事の作文なのはどういうわけだろう。

俳句や短歌や詩を書く機会は結構あり、これがクリエイティブ・ライティングに当たるともいえるんだけど、その一方で物語を書く機会はあまりない。最近、若い世代の中から優れた小説を書く人が続々と出ていて、とてもうれしいことではあるんだけど、ちょっと気になるのは、彼らがすっかりの独学で小説の書き方を身に付けてきていることだ。もし、学校教育の中に俳句や短歌や詩と並んで物語を書く機会がしっかりと位置付けられ、適切な指導が組織的になされていたなら、もっと多くの優秀な小説家が世に出た可能性があるんじゃないかって、僕はつい考えてしまう。

さらに不可思議なことに、読解では説明文も物語文も、小学校から十分過ぎるほどの時数を使って、きちんと指導されている。つまり、日本の国語教育は、読解と作文が十分に呼応しておらず、読解での学びが作文にしっかりと活かされる構造になっていない。何とももったいないないし、困ったことだって僕は思う。

このように、日本の国語教育にはさまざまな構造的な問題があるんだけど、中でも読書感想文と行事の作文は、日本でのみ熱心に取り組まれてきた、いわば教育のガラパゴスなんだ。なぜ、そんなことになっているのか。この疑問を解き明かすには、日本の作文教育の歴史を遡ってみる必要がある。

模倣からの脱却と子どもの心情・態度の重視

明治期の作文教育は、礼状や詫び状、見舞いの手紙、借金返済の催促状など、大人が社会生活で実際に用いる実用文を模範として、そのまま書き写し、暗記し、必要に応じて部分的に書き直すという指導が中心だった。試験にも、たとえば今の小学校二年生に相当する子どもたちに対し「出産の知らせに対して答える」といった、およそ経験の及ばない問題が出題されている。そんな状況だったから、子どもたちは意味などお構いなしに例文を丸暗記するしかなかった。形式を重んじるあまり、実際には曇っていても「晴天」と書くといったことも、ごく当たり前に行われていたという。

大正期に入ると、明治期への反省から、また自由主義的な風潮もあり、子どもが自由に題材を選び自分自身の言葉で書いていく「自由選題方式」による作文教育、いわゆる「綴り方」が誕生する。綴り方は、実用や書く技術よりも人格形成を重視する教科とされ、教師は書く技術やそれを支える形式よりも、まずは作文を書こうとする子どもの心情や態度を大切にすべきとされた。

こういった動向は、作文教育に限らない。図画教育でも、明治期には「臨画」といって、もっぱらお手本の模写を子どもに強いていた。それが大正期に入ると、画家の山本鼎らによって、絵を描く技術や方法が重要なのではなく、自分の目で見て、感じたとったものを描くのが大切だとし、子どもに自由に絵を描かせる「自由画」教育運動が活況を呈する。教育関係者だけでなく、画家のような文化人や芸術家が参画し、大きな影響を与えたのも、大正期の自由教育運動の大きな特徴だった。

そんな中、在野の文学者だった鈴木三重吉が、子どもの感性や美意識を涵養するには第一級の文学者や音楽家の手による質の高い童話・童謡に触れる必要があるとして、『赤い鳥』（一九一八〜一九三六年）を創刊する。『赤い鳥』には、芥川龍之介の『蜘蛛の糸』、有島武郎の『一房の葡萄』、新美南吉の『ごん狐』などの名作が次々と掲載され、童謡では北原白秋の『からたちの花』、西條八十の『かなりや』などが誌面を飾った。

そんな『赤い鳥』を、僕は世界に誇るべき、日本の国語教育における輝かしい金字塔だと思っている。でも、そんなスグレモノであり影響力もあったからこそ、今日にまで残る深刻な問題を生み出しもした。それが、作文教育だったんだ。

鈴木は作文教育についても積極的に発言し、お手本の模倣や空想による練習ではなく、子どもが「ただ見たまま、聞いたまま、考えたまま」を、型にとらわれず自由にのびのびと書く「子どもらしい」「ありのままの真実を綴る」作品を推奨した。

『赤い鳥』が特徴的だったのは、子どもが投稿した作文や詩が誌上に掲載され、鈴木や北原による寸評が添えられたことだ。自分の作文が『赤い鳥』に掲載されるなんて、とんでもなくステキなことじゃないか。当然、全国の子どもたちが熱心に投稿するんだけど、見事掲載されるには、どうしたって鈴木の考えに沿う必要がある。かくして、鈴木の理念は作文教育の世界に大きな影響を与えていった。

興味深いことに、鈴木は型にとらわれず自由にといいながら、子どもにはフィクションや思想について書かせるべきではないとしている。それは、『赤い鳥』の作文募集要項に「空想で作ったものではなく」とわざわざ断っているほどなんだ。鈴木は「事実はかける。概念、観念はかけない」と述べているんだけど、その背後には、経験的事実の正確な叙述を重んじる大正期ならではのリアリズム重視の考え方が見え隠れしている。

こうして、模倣や型の強制に明け暮れた明治期の作文教育への反省と改革の中から、今日にまで続く二つの伝統が生まれ、学校現場に広く根を下ろす。

その第一は、形式や技術よりも子どもの心情や態度を重視する指導理念だ。

そして第二は、リアリズムを重んじ、フィクションや思想を作文の課題・対象から排除する傾向だった。

読書感想文と行事の作文の誕生

昭和に入ると、文学が大正期のロマン主義からプロレタリア文学へと移行したように、『赤い鳥』的な「見たまま、聞いたまま」の原則は維持しつつ、子どもに貧困や格差などの生活現実を赤裸々に書かせることで、自分たちの置かれた階級的状況やその背後にある矛盾や問題に気付かせようとする「生活綴り方」が、左翼的な運動とも相まって盛んになる。当然、戦時体制が強まる中で「生活綴り方」は弾圧を受け、一九四〇（昭和一五）年、つまり太平洋戦争前年に行われた教師の一斉検挙を機に衰退していく。

戦後を迎えると、アメリカの指導により、書く技術の向上を目指し、しっかりと形式を教える作文教育が導入されるんだけど、学校現場では「生活綴り方」的伝統への執着に根強いものがあり、激しい論争が展開される。そして、結果的にアメリカの方針が根付くことはなく、具体的に、素直に、ありのままに文章を書くことによって真実を発見するという大正期以来の「綴り方」の理念が、戦後の作文教育でも再び基調となった。

高度経済成長期に入り生活が豊かになっていくにつれ、個々人の生活現実を赤裸々に綴ることで自らの境遇や社会の矛盾に気付く「生活綴り方」は、その時代的使命を終える。これに代わって一九六〇年代以降に定着したのが、読書感想文と行事の作文なんだ。

指定された課題図書の登場人物に思いを寄せ、読書体験によって子どもが自己変革を遂げることを期待する読書感想文と、学校行事という共通体験を通しての人間的成長を一人ひとりが個性的に描写する行事の作文は、基盤となる経験自体は全員に共通のものといえる。と同時に、そこに何を感じ、どう表現するかは、個々の子どもに委ねられている。

「一億総中流」社会と呼ばれた時代の風潮を背景に、共通の経験を基盤としつつ、そこにおけるその子ならではの独自な心情や表現を大切にしようとする当時の作文教育にとって、読書感想文と行事の作文は格好の題材だったんだよ。そして、これが今日まで半世紀にわたり、脈々と受け継がれてきた。

すでに始まっている国語教育の改革

大急ぎで作文教育の歴史を概観してきた。教育のガラパゴスともいえる読書感想文と行事の作文は、大正期に『赤い鳥』を創刊した鈴木三重吉の理念が、紆余曲折しつつも着実に受け継がれる中で生み出されてきたものなんだ。模倣に明け暮れた明治期からの脱却は、もちろん評価されていい。しかし、子どもの心情・態度を重視するあまり、書く技術や文章の形式が軽視され、欧米では標準的に取り組まれているエッセイ・ライティングに当たる指導がほとんどなされなかった結果、論理的な文章を書けない子どもを大量に生み出してきたことは、反省されていいだろう。

もっとも、すでに改革は始まっており、二〇一七年版学習指導要領では、高校の国語科の科目として「論理国語」が新設される。また、小学校や中学校の国語科の内容も、ここ数回の改訂で大幅に改善されてきた。

もちろん、これらの動きは、日本が世界に冠たる文学指導の伝統やその輝かしい成果を一切否定するものでも、軽視するものでもない。僕は『ごんぎつね』の精読を今後も大切にしていきたいし、それを高度な水準で可能にしてきた我が国の実践資産は、これから始まる国語教育の新たな展開においても、さまざまな経路を介してたしかな基盤を提供してくれると信じている。したがって、現在進行中の動きは、そういったことも含めての、穏当な範囲でのバランスの回復であり、より十全な言語能力を子どもたちに実現するための取組みだと理解してほしい。

というわけで、なおいっそうの努力は不可欠なんだけど、日本の作文教育が読書感想文と行事の作文一辺倒の状況から脱し、多様な文章を自在に書きこなせる日本人を輩出する時代は、ようやくそこまで来ているといっていいだろう。

[注]

1　渡辺雅子『納得の構造—日米初等教育における思考表現のスタイル』東洋館出版社、二〇〇四年

2-9 中核概念に基づく統合的概念把握

「ソロバン社会科」

小学校五年生社会科の産業学習。農業、水産業、工業と学び進めていくんだけど、残念ながら各産業について個別的に詳しくなる学習に留まっていて、経済に関する概念的理解を踏まえた、トータルとしての産業学習にまでたどり着けていないことが多い。中には、各産業従事者の工夫・苦労にばかり焦点を当て、しかも、その思いや願いを当事者の語りのまま無批判に受け止め、それで終わりになっている授業もある。

社会科、とりわけ経済や産業の学習では儲け、つまり利益に関する視点が重要だ。かつては「ソロバン社会科」などと呼ぶ人もいて、身も蓋もないんだけど、儲からないことには産業として成立しないから、これは非常に大切な視点といっていいだろう。

実際、昭和の時代の社会科学習では利益という視点は常にしっかりと据えられていて、さらには資本という概念や資本主義の仕組みとその問題点まで小学校で指導した事例さえ存在する。

たとえば、一九六三年に児童用の副教材として国土社から出版された『町やむらをしらべよう』には、世田谷区成城を舞台に、①新宿の小田急デパート、②地元の商店街連合、③地元のスーパーマーケット、④新興勢力の長崎屋（今日のドン・キホーテ）が四つ巴で顧客の争奪合戦をする様子が描かれている。地元の商店街は苦境に立たされる中、個々の店がバラバラに戦っていたのでは勝ち目はないと、商店街として団結し、特売日を設定したりチンドン屋さんを雇って盛り上げるなどさまざまな工夫を凝らす。興味深いのは、ここで商店街の一軒一軒もまた資本であり、お互いに競い合う関係でもあることを押さえた上で、共通の敵である大資本や中資本との戦いに際し共同戦線を張っているとの整理がなされている点だ。

残念ながら、今日ここまで明確な構造の中で展開される社会科授業にはなかなか出合えないし、そこまでやらなくてもという声もあるかもしれないけれど、僕としては、せめて儲けという視点くらいはしっかりと位置付けて授業を組んでほしい。

儲けだけでは説明できない

作るお米をブランド米に変え、心機一転がんばっている農家を教材に展開した授業でのことだ。子どもたちは何度も農家を訪問し、おじさんにインタビューするなどして学びを深めていた。ブランド米の生産にあたっては守らないといけないことが多く、手間もかかるし、少しなんだけど収穫量も減るという。それでも、おじさんは僕たちにおいしくて安全なお米を食べてほしいから、思い切ってブランド米作りに挑戦している。子どもたちはそう結論づけた。

担任は子どもたちのがんばりを称賛しつつも、こう論評する。

「よく調べましたね。おじさんは、みんなにおいしくて安全なお米を食べてほしい、その思いでブランド米に挑戦したんだと。まあ、みんなのようなかわいい子どもにインタビューされたんじゃねえ、おじさんもそういうしかなかったんでしょう。いやね。ブランド米は普通のお米より、断然儲かるんですよ」

「そんなことないよ。だって、手間もかかって仕事の量も増えるし、収穫量だって減るんだよ」

「一キロいくらか調べましたか。ブランド米が普通のお米よりも高いのは、みんなも知っているよね。それも含めて考えると、どちらがより儲かるのか、計算してはいないんでしょう」

子どもたちもなるほどと思う。さっそくインターネットでお米の値段を調べ、あれこれ苦労して計算してみると、ブランド米の方がトータルでの儲けの多いことがわかる。

「ほら、やっぱりそうでしょう。結局のところ、大人は儲けなんだよ。もう少しのところで、まんまとおじさんにだまされるところでしたねえ」

「そんなことないよ。おじさんはおいしくて安全なお米づくりを目指して、一所懸命にがんばっているんだ」

「でも、ブランド米の方が儲けが多いってことは、今みんなが計算した通りでしょう。やっぱりね、大人は儲け。儲けが一番なんだよ」

「儲けが出ることはわかったけれど、おじさんのお米づくりはそれだけじゃない。先生みたいに腹黒くはないと、僕は思う」

すっかりおじさんと仲良くなっている子どもたちは、儲けが出ることは理解しつつも納得はしない。かくして追究は、おじさんの米づくりが儲けだけではない証拠を求め第二ラウンドへと突入する。

あらためて調べる中で、子どもたちは興味深い事実をつかんだ。おじさんはブランド米づくりに挑戦するにあたり、今作っている品種と、もう一つ別な品種についても検討していた。そして、選ばなかったもう一つの品種は、そう手間もかからず収穫量も多い。キロあたりの単価はそう高くはないんだけど、それでも普通のお米よりは高いのでトータルではかなり儲かる。今作っているブランド米は、さらにキロあたりの単価は高いんだけど、すでに調べがついている通り手間も膨大にかかるし収穫量も少なめだ。トータルでは、儲けは若干だけどもう一つの品種よりも劣る。

子どもたちは意気揚々と報告する。

「今回調べてわかったのは、やっぱり、おじさんは儲けだけで農業をしてはいないということです。今作っているブランド米は、たしかに前作っていたのよりは儲かるのですが、儲けだけなら、もう一つの品種を選んだ方がいいのです。でも、おじさんはお客さんにおいしくて安全なお米を食べてほしいから、あえて儲けの少ない方を選びました。また、ブランド米は低農薬だし使える肥料も厳しく制限されているので、手間はかかりますが、その分、土にもいいし、虫や鳥も含めて地域の自然環境にやさしいのです。おじさんは、そんなことまで考えて農業をがんばっています。仕事をする上では、先生が教えてくれたように、たしかに儲けも大切ですが、お客さんやさらに地域の環境のことなども考えて取り組むのが大事だということが、今回調べてよくわかりました」

「三方よし」

発表を聞いて、担任はこう論評した。

「いやあ、本当によく調べましたねえ。おじさんが深い考えで農業をやっていることが、先生にもよくわかりました。先生、降参です。それでね、みんなが今回調べて発表してくれたことで気が付いたことがあるんだけど、お話していいですか」

「いいよ。何ですか」

「江戸時代、四年生の時に用水の開発で勉強した古い時代だね。近江の国、今の滋賀県の商人がとてもお商売が上手でね、日本全国で活躍したんです。そんな近江商人が大切にした考え方が『三方よし』。売り手よし、買い手よし、世間よし、というんだけれど、おじさんのお米づくりもね、この『三方よし』なんじゃないかって、先生思うんです。おじさんも儲かる。これが売り手よし。みんなもおいしくて安全なお米が食べられる。これが買い手よし。さらに、地域の環境にもいい。これが世間よし。どうですか。おじさんのお米づくり、『三方よし』になっているでしょう」

「へえ、すごいや。たしかに『三方よし』になってる」

「先生、おじさんはね。ブランド米を通して全国の人にこの地域のよさをアピールしたいともいってたよ。これも世間よしでしょう」

お気付きの通り、「三方よし」は産業や経済の学習を貫く中核概念の一つだ。これにより、子どもたちは文字通り三方から多面的・多角的に産業を検討し、より深く統合的な理解に到達することができる。

興味深いのは、次の水産業の学習だった。担任が「これから水産業の勉強に入るんだけれど、どんな風に追究を進めたいですか」と尋ねるやいなや、子どもたちは「先生、水産業も農業みたいに『三方よし』になっているのか、そのことを考えてみたいです」と口をそろえていった。

そしてもちろん、成功している水産業は「三方よし」になっている。さらに同じやり方で工業まで学習が進んだところで、各産業を「三方よし」の視点で整理してみれば、すべての産業が「三方よし」になっていると同時に、各産業によって「三方よし」の現れ方が微妙に異なることがわかる。そして、これこそが各産業に固有な特質なんだよ。

二〇一七年版学習指導要領が求める統合的な概念把握のためには、「三方よし」のような中核概念を基軸とした、息の長い単元構成が有効なんじゃないかって、僕は思う。

2

10　資質・能力が兼ね備えるべき汎用性の正体

第二章では、資質・能力の育成を目指した教育方法としての主体的・対話的で深い学びの実現について考えてきた。そこでは、いきなりどんな手法や手立てが有効かといった問いの立て方ではなく、まずは「人間の生涯にわたって続く『学び』という営みの本質」をしっかりと押さえ、それらが求めるものに即して教育方法を開発したり選択することが重要になってくる。

では、学習に関する近年の科学的研究は、「人間の生涯にわたって続く『学び』という営みの本質」を巡って何を明らかにしてきたのか。まずもって、すべての子どもは生まれながらにして「有能さ」を求める存在であり、また優秀な学び手でもあるということを挙げることができる。したがって、まずはこの認識を共有したい。

さらに、より具体的に見ていくならば、近年の研究は、少なくとも次の三つのことを共通して指し示しているといっていいだろう。

1　子どもは豊かな既有知識を携えて学びの場に臨んでいる。

2　学びは常に具体的な文脈や状況の中で生じている。

3　学びの意味を自覚し、さらに整理・統合する必要がある。

これら三つの洞察に即して、では、たとえばどのような教育方法の原理なり実際がそれぞれから導かれるかと思案した結果、本章で順を追って見てきたように、1からは有意味学習が、2からはオーセンティックな学習が、3

からは明示的な指導が、教育方法を開発したり選択する際の拠り所として導かれることがわかった。

資質・能力を基盤とした教育では、子どもを未知の状況にも対応できる優れた問題解決者にまで育て上げることを目指す。その意味で、資質・能力は汎用的な特質を持つ必要があるんだけど、それは一切の文脈や状況を捨象した学び、子どもが所有する既有知識と切り離された学びによっては到達できない。むしろ逆で、個々の内容について子どもの世界との緊密な関連付けを図り（有意味学習）、現実に展開されている本物の社会的実践という豊かな文脈や状況の中で学ぶ（オーセンティックな学習）ことにより、学びは生きて働く。

さらに、そのようにして得られた多様な学びの意味を自覚化し、その教科等の鍵概念との関係で比較・整理する（明示的な指導）中で、表面的には大いに異なる学習経験の間に存在する共通性と独自性に気付き、統合的概念化に成功した時、学びは強靱かつ柔軟に機能する汎用性を獲得する。

汎用性を求めるからこそ、その知識が現実世界で息づいている文脈や状況が不可欠なのであり、また私自身のこれまでとの関連付けが鍵となってくる。そして、そのようにして得られた本物の学びについて、その意味を一段抽象度を上げて概念化したものが、汎用性の具体的内実なり正体なんだって考えればいいんだよ。

第3章
資質・能力の育成と知識の質

3-1 概念の境目をくっきりと描く

概念はカテゴリー

二〇一七年版学習指導要領では、知識の質が大きく刷新される。そこで繰り返し出てくるのが、概念という言葉だ。概念とは何か。学問的立場によりさまざまな説明の仕方があると思うんだけど、心理学者は概念とはカテゴリー、つまり多くの事例をその意味的な異同において分類した集合だって説明してきた。

知識の質の改善・向上という趣旨で二〇一七年版学習指導要領が強調している概念というのは、ただ覚えているとか、どうもそういうことらしいといったあやふやで他人事の理解ではなく、第二章で有意味学習やオーセンティックな学習との関連で見たような自分事の深い意味理解を伴った知識になっているということを、まずもって指している。さらには、明示的な指導との関連で話したような、その教科等ならではの「見方・考え方」に沿って高度に統合化されたものをイメージしているんだろう。

この方向性は子どもたちの学びをよりよい状態へと導く上で極めて適切だし、僕もこれを推進してきた一人だからまったく異存はない。その一方で、心理学者が考える概念というものそれ自体は、もっとシンプルで基底的な位置付けにある。というわけで、まずは極めてベーシックなところから概念に関する話を始めよう。

たとえば、「鳥」というのは概念だ。それは多くの事例を、その性質において鳥という集合に属するか否かを明晰に判断できるように構成されている。そして、幼い子どもにしたところで、すでに「鳥ってこんなもの」という概念は彼らなりに持っている。

ためしに、幼稚園に行って「鳥ってどんなもの？」と五歳児に尋ねると、多くの子どもが「鳥はね。お空を飛んでいるもの」と教えてくれる。

ここでボケて、「そうか。飛行機も鳥なんだ」と言ってみると、子どもたちはゲラゲラ笑って「飛行機は鳥じゃないよ」と言うんだけど、その後一瞬真顔になるところが面白い。

自分は飛行機（という事例）が鳥ではない（鳥という集合には属さない）ことを知ってはいる。すると、空を飛んではいるけど飛行機は含まない鳥というカテゴリーをどのように言明（定義といってもいい）すれば、自分が鳥とその周辺について知っているさまざまな知識のすべてを辻褄が合うように（整合的で包括的に）言い表すことができるかと、深く内省的に思案しているに違いない。

しばらくして、ある子がこう言った。

「おじさん、鳥はね、お空を飛んでいる生き物なんだよ」

なるほど、うまいことを言う。そして、こういう説明ができるということは、この子はすでに「生き物」という概念も、もちろん不完全ではあるんだろうけど、形成しているに違いない。

概念の獲得に必要な三種類の事例

この子たちは、「鳥」や「生き物」について抽象的な定義を教わった経験はないだろう。すると、そもそも概念の形成という知的操作は、幼い子どもにも十分できることであり、それどころかすでに多くの概念を自ら進んで、しかも自力で形成しているということになる。さらに、例示した「飛行機」のような、自身が形成して所有している概念ではうまく説明できない事例と出合った際には、それも含めて、自分が現在までに所有しているすべての知識や経験に対し整合的で包括的なものとなるよう、概念の方を随時修正し更新しているということになる。

すでに小学校入学前の段階で、これだけの知的操作能力をごく普通に持っているという認識に立って、僕たちは授業づくりや子どもたちの指導にあたる必要がある。すると、「この子は理解力に問題がある」「学ぶ意欲に乏しい」なんて日常的に不満を言っている教師の方が、よほど理解力や意欲に深刻な問題を抱えているということに気付くだろう。第二章で繰り返し見てきたように、子どもたちが持っている既有知識を活かして、また子どもたちにとって意味のある文脈で授業を組んでいけば、どの子もしっかりと深い学びを実現していくことができるんだよ。

概念の修正・更新ということでいえば、この先も、この子はたとえば家族と一緒に出かけた水族館でペンギンに出合い、鳥の仲間だと告げられて大いに驚いたりするんだろう。そもそも、水中を泳ぐ生き物がいるべき水族館に、空を飛ぶはずの鳥の仲間であるペンギンがいること自体が、大いに不思議なことと映るんじゃないかなあ。

あるいは、テレビでヤンバルクイナのことを見るかもしれない。ヤンバルクイナもペンギンと同様、鳥の仲間なのに空は飛ばない。しかも、こちらはペンギンと違い、陸上で生活しているにもかかわらず、である。

さらに反対の事例として、コウモリのような空を飛ぶ哺乳類の存在についても知るようになるだろう。これもまた、衝撃的な経験に違いない。

このように、概念の獲得には三種類の事例が必要なんだ。

まず、子どもたちが最初に概念を形成する際に参照していたであろう事例。多くの場合、それはハトやツバメやカナリアといった、いかにも鳥という事例、つまり典型事例だ。典型事例が示す特徴から、子どもは「鳥はお空を飛ぶもの」という、多くの鳥の重要な特徴を表してはいるんだけど、正確ではない概念を自力で形成する。

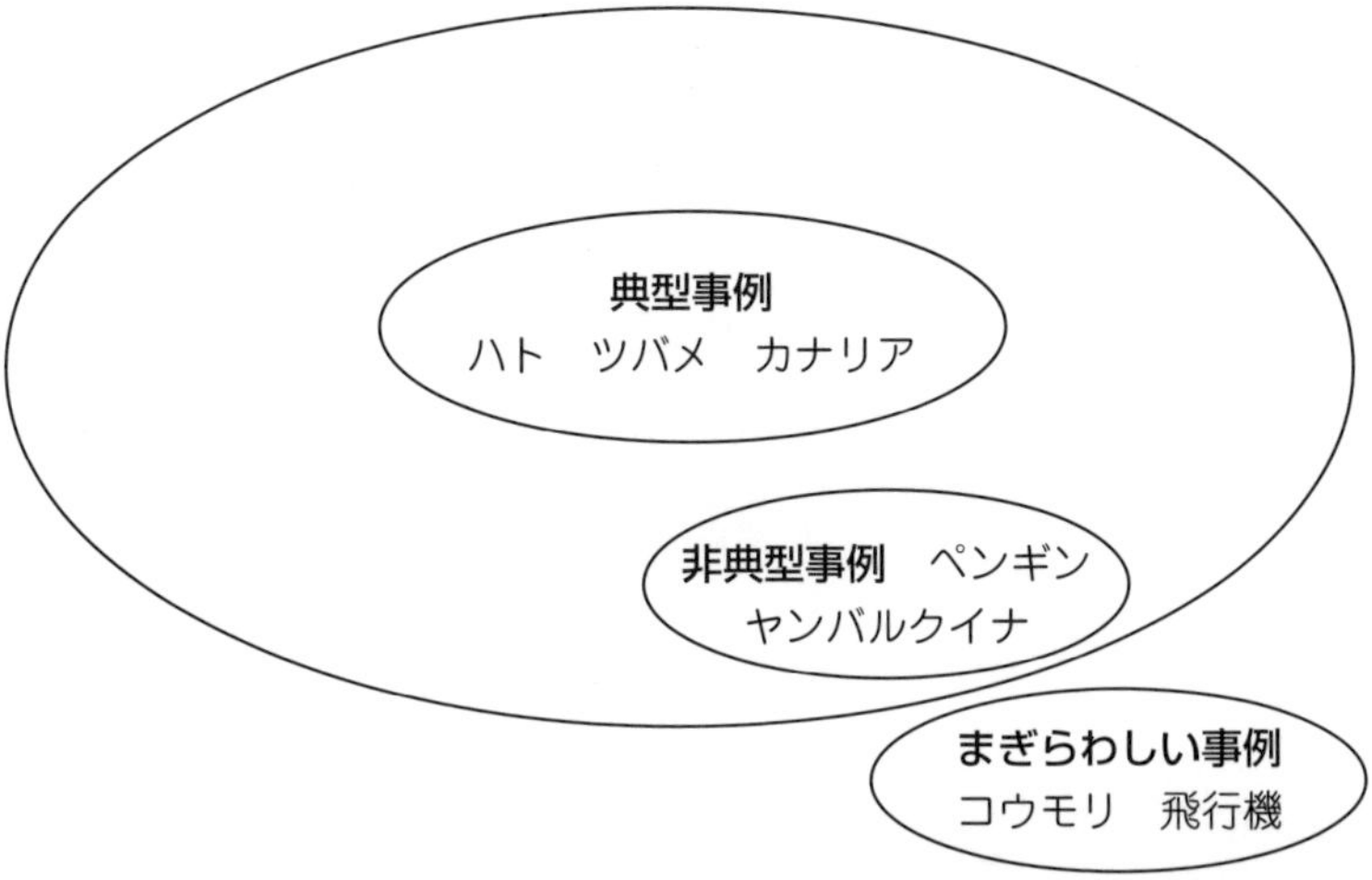

図3-1　「鳥」という概念（カテゴリー）と三種類の事例の関係

概念の正確性を高めるには、非典型事例、つまり鳥ではあるんだけど、典型事例が持つ重要な特徴を持たない事例との出合いが不可欠になってくる。ペンギンやヤンバルクイナのような、鳥の仲間なのに空を飛ばない事例が、これに当たる。さらに、飛行機やコウモリのような、空を飛ぶけれど鳥ではない、まぎらわしい事例も必要だ。

これら、非典型事例とまぎらわしい事例によって、鳥というカテゴリー＝意味的な集合の境目が初めてくっきりと浮かび上がってくる。そして、この境目を的確に表現する特徴なりそれを表す言葉を探す作業が、概念の修正であり更新なんだ。以上のことは、図3-1のように表すことができる。

すると教師の仕事としては、まず、これまで子どもたちはどのような事例（その多くは典型事例だ）と出合い、そこからどのような共通する特徴を抽出し、概念を形成しているかを把握することが大切になってくる。

そして次に、子どもたちが概念形成の拠り所としている特徴を足場に、どのような非典型事例やまぎらわしい事例を、どのような順序や方法で提示することが彼らの概念をよりよいものへと修正、更新していくことにつながっていきそうかと思案することになる。

子どもの挑戦の営みを支援する

こう書くと難しく感じられるかもしれないけれど、この原理は、すでにごく普通に授業づくりや教材開発の中で用いられてきている。

たとえば、道徳の授業。子どもたちは「友情」といった概念をすでに形成してはいるんだけど、それはたとえば、「友達のことを考えて、その子の望むことをしてあげる」といったものであったりする。そこで、「友達にとっては耳の痛いことではあるけれど、長い目でみればその子のためになると思うことをあえて言う」といった登場人物の判断なり行動を含む物語を提示する。これは、友達同士の関わりの中でもそうそう日常的に生じる場面ではないし、下される判断の中身から見ても、非典型事例の一つといえるだろう。

あるいは、同じ状況おけるもう一つの選択肢として、「耳の痛い忠告などしてしまうと、友達との関係が気まずくなってしまいかねない。だから、目をつぶって何も言わない」という判断なり行動の可能性についても子どもたちに提示し、自分ならいずれを選ぶか、それはなぜかを考えさせる、といった具合だ。いうまでもなく、こちらはまぎらわしい事例という位置付けになる。

このように、明確な意図性を持って提示された、いくつかの事例について思いを巡らせ、仲間と共にあれこれ議論する中で、子どもたちは「友情」という概念を、より普遍性のある、道徳的に価値の高いものへと自ら修正・更新していく。

もちろん、物語の登場人物の判断や行動として、あるいは教師が直接的な問いかけとして提示する以外にも、仲間の率直な意見や主張が思いがけず、ある子どもにとって非典型事例やまぎらわしい事例としての役割を果たすことも少なくないし、その方が授業としては望ましいともいえる。

いずれにせよ、これまでも繰り返し述べてきた通り、知識を教えるとは、「白紙」である子どもの心に、大人が価値ある経験やその意味を一方的に書き込むことなんかじゃない。すでに世界と向かい合い、そこで出合ったさまざまなひと・もの・ことについて、より整合的で包括的な理解＝概念の形成を求めてやまない存在である子どもたちに対し、とりわけ彼らだけでは概念の境目をくっきりと描くことが難しい部面に的を絞り、その挑戦の営みを支援することなんだよ。

3 2 素朴概念から科学的概念へ

小学校一年生はゼロからのスタートではない

小学校一年生の図形学習といえば、一時間あれこれ作業をさせた挙げ句、先生が「この形を三角、こちらの形を四角といいます」と高らかに宣言する授業をよく見るんだけど、この時の子どもたちの表情がいい。目が点になっている、の典型なんだ。きっと、「えっ。そんなことなら僕たち最初から知ってたんだけど」とでも言いたいんだろう。

すでに繰り返し書いてきた通り、子どもたちは小学校入学時にはすでに膨大な知識や経験を所有していて、それは図形についても当てはまる。たとえば、子どもたちが卒園した幼稚園や保育所から積み木やブロックを借りてきて、「これでどんな遊びをしたの」と尋ねると、次々と手が上がり、さまざまな気付きを語ってくれる。

「三角の積み木を二つ合わせると四角になるんだよ」

「へえ、そうなんだ。どの三角の積み木でも四角になるの」

「ううん。角のところがキチンとなっているやつだと、二つ合わせると四角になるの」

二つの直角二等辺三角形を底辺で組み合わせると、正方形になると言いたいのである。もちろん、直角も正方形も言葉としては知らないが、遊びの中でこの事実に気付き、きっと上手に活用して目指す積み木の形をあれこれ実現したんだろう。

また別の子が、円柱形のブロックを手に、こんなことを教えてくれる。

「この形はね、平べったい方だったらいくつも積めるんだけど、丸い方だとコロコロってなっちゃってダメなの」

この子は、曲面と平面の違いについて語っている。ブロックを高く積み上げたいというのは子どもの素朴な願いであり、その実現に向けあれこれ工夫する中で、面には平面と曲面があると気付いたに違いない。たとえ言葉は知らなくとも、個別事例に対し両者を正確に弁別できるようであれば、平面と曲面の概念を獲得していると判断できる。

円柱形については、さらに「この形は不思議なんだよ。こっちから見ると丸に見えるんだけど、こっちから見ると四角なんだ」などと、大人でも驚くような高度なことを言い出す子どもが出る場合がある。

子どもたちは興味津々で、「えっ。どういうこと」「ああ、わかった。本当だ」「えっ。よくわかんない。どう見ると四角になるの」「四角じゃないよ。こっちから見てもやっぱり丸じゃん」などと大騒ぎになるから、ICT機器を使うなり、もっと素朴には影絵になるようにして、円柱形のブロックをさまざまな角度から観察させれば、子どもたちは円柱形の不思議に驚きと納得の声を上げるだろう。いずれにせよ、子どもたちはこれくらい多くの、そして結構高度なことを、さまざまな形についてすでに知っているんだよ。

二〇一七年版学習指導要領を巡って、よく「小学校一年生はゼロからのスタートではない」と言われるんだけど、その具体はたとえばこんなことなんだ。だから、幼児教育とのなめらかな接続を図るためにも、子どもたちが持っているインフォーマルな知識にもっと注目し、これを存分に活かした授業を工夫してほしいって僕は思う。

学習による概念の境目の移動

二年生にも「三角形と四角形」という授業がある。一年生までの段階では、多くの子どもがおむすびのような角が丸くなっている形や、トライアングルのような一部が閉じていない形も三角形の仲間だと認識しているし、学習指導要領上でも、それでいいことになっている。

　二年生ではこれを修正し、数学的により正確な概念、すなわち「三本（四本）の直線で囲まれた形」の獲得へと進む。ポイントは「直線」と「囲まれた」の二つであり、その意味に気付かせるべく、おむすび型のような曲線を含む形や、トライアングルのような一部が閉じていない形を含むさまざまな形を、「三角形」「四角形」「どちらでもない」に分類する活動を行うのが一般的だ。

　ところが、教科書も含め多くの教材では分類する図形が少なく（調べてみたところ、最少のものではわずか八事例だった）、またそのバリエーションも不十分なように僕には思えた。そこで、論点をより見えやすくし、また獲得される概念の精度を上げるべく、図3－2のような「曲線」と「直線」、「閉じていない」と「閉じている＝囲まれた」を一つずつ丁寧に取り上げ、さらに段階的に変化する様子を提示できる教材を試してみた。

　まず、図3－2の①～⑤を左から順番に一つずつ提示し、「何という形ですか」と尋ねると、①に対しては「四角」あるいは「四角形」と全員が答える。②についても多くの子どもが「四

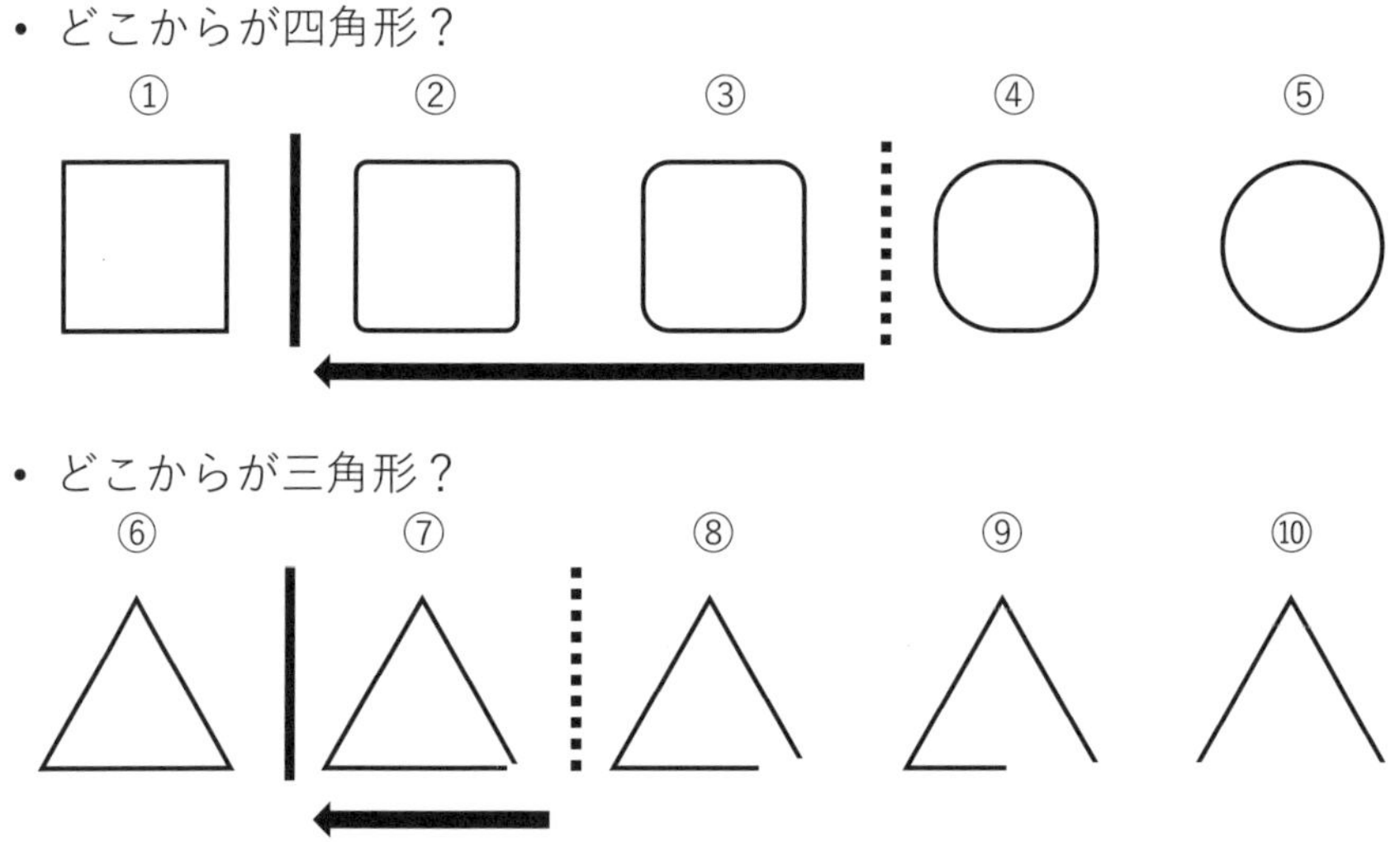

図3-2　図形の概念形成のための教材

角形」と答えるんだけど、③あたりから迷い始め、④では「どちらでもない」が多数を占めた。そして、⑤に対しては全員が即座に「丸」と答えるので、可能な選択肢には「『丸』という答えはないから、『三角形』『四角形』『どちらでもない』から選ぶとすると」と問い、「どちらでもない」であることを確認した。同様に、⑥〜⑩についても判断を求めていく。⑥には全員が「三角形」と答え、⑦についても「三角形」と答える子どもがかなりの数に上った。⑧になると、「どちらでもない」が多くなり、⑨と⑩は全員が「どちらでもない」に分類した。

ここで、あらためて①〜⑤、⑥〜⑩について、「じゃあ、どこからが『四角形』（『三角形』）で、どこからが『どちらでもない』になるの」と尋ねてみる。これは3－1でお話しした、概念の境目をくっきりと描くよう求める発問だ。子どもたちは大いに悩むんだけど、次第に①と⑥だけが「四角形」ないしは「三角形」であり、それ以外はすべて「どちらでもない」に分類すべきとの意見にまとまっていった。

授業を試みたクラスでは、当初は多くの子どもが点線のところを境目として左を「四角形」ないしは「三角形」、右を「どちらでもない」としていた。この概念の境目が最終的には実線のところへと移動したわけなんだけど、この移動とそれに対する的確な説明こそが、「直線」なり「囲まれた」という数学的な概念の獲得そのものなんだよ。

「ほんのちょっとでも」

では、子どもたちはどのように説明したか。ある子は①〜⑤の判断について、こう理由づけた。

「だって、⑤は絶対に『丸』でしょう。④はちょっと四角っぽいけど、かなり丸に近い。③はもっと四角っぽいけど、④が四角じゃないんだったら、③も四角じゃないって考えないとおかしいと思うのね。②はとっても四角っぽいけど、やっぱり角が丸いから、ほかのも四角じゃないって言うんだったら、これも四角じゃないことにしないと、おかしなことになると思う。つまり、ほんのちょっとでも丸いところがあったら四角形じゃない。だから①だけが『四角形』で、ほかの形は全部『どちらでもない』にするのがいいと思う」

この「ほんのちょっとでも」という着眼は、実に数学的だ。四角っぽいからといって②〜④を「四角形」の仲間に入れてしまうと、明らかに「丸」つまり「円」である⑤との境目が曖昧になる、あるいは根拠を説明できなくなる。したがって、「ほんのちょっとでも」曲線を含んでいれば「四角形」ではないと考える必要がある。

当初、子どもたちの中には、特に②や⑦に対し、「このくらいはオマケしてもいいんじゃない」といった発言を繰り返す子がいた。あるいは、「三角おむすびって言うじゃない。だから、③くらいまでは『四角形』にしておかないと、おむすびをどう呼んだらいいか困っちゃう」と言う子もいた。

このような日常的感覚に基づく局所的判断から、五つの図形すべてについて辻褄の合う合理的根拠に基づく包括的判断へと、子どもたちはこの学習を通して歩みを進めたんだ。

図形の学習を例に、幼児期から低学年にかけての学びの進展について見てきた。そこではまず、子どもたちが持つインフォーマルな知識を活かした授業展開、第二章で紹介した有意味学習を基本に据えたい。と同時に、素朴概念から科学的概念への修正、更新を徐々に、しかし着実に実現すると共に、その追究過程において、子どもたちがその教科等の「見方・考え方」を存分に働かせ、さらに洗練させていくような教材の開発や授業展開の工夫が望まれるんだよ。

3 「知識・技能」の評価

評価論は目標論の裏返し

まず、確認したいのは、評価論とは目標論なり学力論の裏返しであり、三者は原理的に対応関係にあるし、実際にも対応している必要があるということだ。対応しなかった場合、目標論は「タテマエ」に成り下がり、評価論が「ホンネ」として、実質的な目標論・学力論としての役割を果たす。社会科が「暗記もの」と目されてきたことなんかはその悪しき典型で、その領域の学びの質を著しく損ないかねない。

二〇一七年版の学習指導要領改訂では、資質・能力の三つの柱の考え方を基盤に、すべての教科等の目標論＝評価論＝学力論を一貫性・整合性のあるものとすることが目指された。具体的には、各教科等の目標が、表現は微妙に異なるんだけど、基本的な構造としては、第一の文において、各教科等の特質に応じた「見方・考えを働かせ、○○な活動を通して、△△する（のに必要な）資質・能力を次の通り育成することを目指す」と宣言される。そして、その後に(1)～(3)として、資質・能力の三つの柱に基づき、「知識及び技能」「思考力、判断力、表現力等」「学びに向かう力、人間性等」に関する具体的な記述が列挙される形式に改められた。

三つの柱は、学校教育法第三〇条第二項に規定された「学力の三要素」、「基礎的な知識及び技能」「知識及び技能を活用して課題を解決するために必要な思考力、判断力、表現力等」「主体的に学習に取り組む態度」に対応している。同様の整理はＯＥＣＤや世界各国の学力論でも提起されていて、高い妥当性を有する学力モデルといっていいだろう。

さらに、評価の観点についても、三つの柱に対応した三観点、「知識・技能」「思考・判断・表現」「主体的に学習に取り組む態度」が採用された。これにより、この国の学校教育が目指す学力論は、法律の水準から学習指導要領の目標論、そして評価論に至るまで見事に一貫し、しっかりと整合したことになる。もっとも、これがあるべき本来の姿なわけで、これまでが大いに問題がある、少々困った状態だったともいえる。

いずれにせよ、二〇一七年の学習指導要領改訂では、従来、多くの教科等で用いられてきた四観点から三観点への移行が打ち出されたんだけど、それを評価論だけの問題として論じるのは不適切なんだ。見てきたように、評価論に関するおよそすべての改善点は、目標論や学力論との一貫性・整合性に関する要請からの帰結なんだから、目標論や学力論との関係の中で理解する必要があるんだよ。

技能も知識の仲間

その上で、四観点では別だった「知識」と「技能」が同一観点にまとめられたことについて考えたい。教育現場の感覚からすれば、知識と技能は大いに異なる性格を持つと感じる人も少なくないだろう。しかし、心理学では、両者は知識の二つの様式とみなされてきた。つまり、技能もまた知識ということになるんだ。

心理学では、知識を宣言的知識と手続き的知識に区別する。宣言的知識とは「水は水素と酸素の化合物である」のような事実に関する知識を、手続き的知識とは「跳び箱の飛び方」のような運動技能、「引き算の計算の仕方」のような認知技能など、一連の手続きに関する知識を指す。

学校現場的には、宣言的知識こそが知識であり、手続き的知識は技能であって知識ではないというのが自然な感覚かもしれない。実際、宣言的知識がその内容を意識的に呼び出したり言葉で説明できるのに対し、手続き的知識では意識化や言明が困難なことも多く、無理に意識的、言語的に制御しようとすると、かえって動きがぎこちなくなったり、間違いを犯したりもする。これは、その手続き的知識がすでに十分に習熟して自動化しているからなんだけど、この現象をもって手続き的知識を知識と呼ぶことに違和感を抱く人も少なくない。

しかし、認知技能はもとより運動技能についても、体育で新たな技を学ぶ際などに、技をいくつかの動きに分割し、意識的、言語的に自分の身体を制御しながら徐々に動きを組み合わせて習得していくことは可能だし、有効なんじゃないかなあ。なにより、技能が実行できるのは、それを支える何らかの情報が記憶内に貯蔵されているからであり、やはり技能も知識の一種だと見なした方がいいって、心理学者たちは考えてきた。

教育実践的には、技能を知識の一種と理解することは、ひたすら練習やドリルに頼り切った「習うより慣れろ」式の指導への反省を生み出す点で大きな意味がある。今後の技能学習においては、理解や納得、さらには子ども自身による説明をより重視した指導が望まれる。「説明する算数」なんかがその典型であり、特定の操作や手続きが実行できるのに加えて、その操作なり手続きがどのような論理に支えられており、なぜ妥当なのか、その教科の言葉を用いて説明できるようにしていきたい。

評価に際しても、問題で正解できることに加えて、その説明の有無や質を評価対象や評価指標にしていく。そうすることで、子どもたちの学びに向かう姿勢、さらには学習において何が大切なのかという学習観が、より豊かで望ましいものになっていくだろう。

もちろん、跳び箱のポイントを理路整然と指摘できても、実際に跳べないのでは困るんだけど、なぜ自分が跳べているのかを理解し、言明できることも学力の重要な要素なんだという風土を教室に醸成していくことが、今後に望まれる。

さらには、跳び箱のポイントである重心の移動が他の器械体操においても同様に重要なんだと気付くこと、と同時に、同じ重心の移動という原理が種目によって異なる現れを示すこと、また、その理由のいくつかを説明できることを目指したいし、評価対象としていきたい。これは第二章で述べた統合的概念化の一種なんだけど、そうすることで体育の授業やそこでの学びの質は大いに変わってくるに違いない。

目指すべき知識の質を再確認する

以上のことは、もちろん知識についてもそのままあてはまる。ただ知っているだけでは不十分であり、より深い学びが求められるし、その深さをこそ評価すべきだ。

まず、個々の内容について自分の言葉でしっかりと説明できるくらいの意味理解が伴うことを望みたいし、それを評価対象としたい。

さらに、その教科等や他の教科等で学んだ知識、あるいは学校はもとより家庭や地域で得たさまざまな経験と関連付いているかにも注目したい。

このことに関して、二〇一六年一二月二一日の中央教育審議会答申は、「新しい知識が、既に持っている知識や経験と結び付けられることにより、各教科等における学習内容の本質的な理解に関わる主要な概念として習得され、そうした概念がさらに、社会生活において活用されるものとなることが重要である」（答申、二九頁脚注六〇）と述べている。

二〇一九年一月二一日に教育課程部会が取りまとめた「児童生徒の学習評価の在り方について（報告）」において、

「『知識・技能』の評価は、各教科等における学習の過程を通した知識及び技能の習得状況について評価を行うとともに、それらを既有の知識及び技能と関連付けたり活用したりする中で、他の学習や生活の場面でも活用できる程度に概念等を理解したり、技能を習得したりしているかについて評価するものである」（報告、七頁）とされているのも、二〇一七年版学習指導要領が求める、このような知識なり技能の質を反映してのことなんだって理解すればいいだろう。

ちなみに、「具体的な評価方法としては、ペーパーテストにおいて、事実的な知識の習得を問う問題と、知識の概念的な理解を問う問題とのバランスに配慮するなどの工夫改善を図るとともに、例えば、児童生徒が文章による説明をしたり、各教科等の内容の特質に応じて、観察・実験をしたり、式やグラフで表現したりするなど実際に知識や技能を用いる場面を設けるなど、多様な方法を適切に取り入れていくことが考えられる」（報告、八頁）と指摘している。つまり、知識・技能の評価方法としては、概念的な理解や関連付けの程度なんかも評価できるようペーパーテストを工夫するとともに、知識・技能を用いた行為の実行状況を見る、いわゆるパフォーマンス・テストの導入が推奨されているんだ。

でも、そのためには、評価方法の具体について思案する前に、評価しようとする教科等の内容、さらにはその奥にある系統や本質に関する構造的な理解が不可欠になってくる。むしろ、それらが明晰になっていれば、評価方法やテスト項目の詳細もおのずと見えてくるに違いない。

繰り返しになるんだけど、やっぱり評価論は目標論や学力論の裏返しなんだよ。つまり、しっかりとした評価をしようとすればするほど、あらためて教科等の内容研究に真剣に取り組む必要があるってことになる。

3

4 思考力の実相は知識の状態

思考力は実体的には存在しない

二〇一七年版の学習指導要領では、資質・能力という表現の下、「知識及び技能」「思考力、判断力、表現力等」「学びに向かう力、人間性等」の三つが、いわば同列の学力要素なり学力側面として位置付けられた。この国の教育については、「知識及び技能」に偏りがちだという指摘なり懸念には根強いものがあり、その意味でも今回の改訂は画期的だといっていいだろう。

その一方で、では具体的に「思考力、判断力、表現力等」をどのように育成すればよいかと考えた時、それらは「知識及び技能」とどのような関係にあるのか、より実践的には、個々の授業で指導する「知識及び技能」とは別のものとして育成すべきなのか、そのように育成しうるのかが大きな問題となってくる。

この問いに対し、心理学者たちは、たとえば思考力が領域固有な個別的知識と別のものとして一般的、実体的に存在するとは考えなくなってきた。むしろ思考力とは、膨大な数の領域固有知識が、さまざまな状況や文脈と意味的、機能的に結び付き、必要に応じて自在に繰り出されるよう、高度に組織化され構造化された状態を指すと考えるようにさえなってきている。

場面や状況や問題に応じて適切な知識や技能が個性的・創造的に繰り出され、その結果として優れた問題解決が成し遂げられるのを見る時、人はその子どもが高い思考力を有すると感じるんだけど、現実に子どもの中に存在し、機能しているのは個々の知識だというわけなんだ。実際、思考力それ自体を直接に教えることは不可能で、常に個別的な知識や技能を介して汎用性のある思考力（と見える働きなり状態）は育成されてきた。

もちろん、単に領域固有知識を教えさえすれば、思考力が育つわけじゃない。知識の状態こそが思考力だというからには、子どもの中に形成される知識の質が決定的に重要なわけで、それをしっかりと実現するに足るような教え方を工夫する必要がある。

ＧＰＳの挫折と領域固有知識

「思考力、判断力、表現力等」のことを、汎用的認知スキルと呼ぶことがある。これは、場面や状況に依存することなく、どんな時にも有効な思考や判断の仕方といったものが存在し、さまざまな問題解決に対し効果的であるという考え方を基盤にしている。

このことを巡る科学的な研究の歴史は結構古くて、一九五〇年代、人工知能研究や認知心理学など、人間の知的振る舞いを情報処理の枠組みで検討する研究が盛んになる中で、汎用的認知スキルの存在を問う研究がすでに行われているんだ。

たとえば、初期の人工知能であるジェネラル・プロブレム・ソルバー（General Problem Solver：ＧＰＳ）というコンピュータ・プログラムは、丘登り方略や手段―目標分析といった汎用的な問題解決方略を基盤としていたんだけど、それにより、代数、幾何、チェスなど、さまざまな領域の問題を次々と解決することに成功した。

丘登り方略というのは、とにかく上へ上へと進み続け、もはや上に進むことができなくなったら立ち止まり、頂上に到達したと判断するという方略だ。また、手段―目標分析というのは、目標の実現に必要な手段的活動を探索し、さらにその手段的活動を目標と見た場合に必要な手段的活動を探索するという作業を、目標状態と現状のずれがなくなるまで繰り返すことで目標へと至る筋道を見出す方略で、これはみなさんも日常生活の中で盛んに使っている。

これらはいずれも、その適用に際して特定の領域固有知識を必要としない。その意味で、汎用的認知スキルの一種といっていい。というわけで、ＧＰＳが明らかにした、汎用的認知スキルがさまざまな領域の問題解決に有効であったという事実は、思考力が領域固有知識とは独立した実体的学力であるという見方を強力に支持する。

ところが、世の中いいことばかりは続かないもので、ＧＰＳのような試みは研究領域の拡大に伴いたちまち挫折してしまう。ＧＰＳはパズルや定理の証明のような純粋な形式論理操作では好調だったんだけど、物理学や医療診断のような多くの事実的知識に問題解決が左右される領域ではすぐに行き詰まった。

理由は明白で、そういった問題解決では領域固有知識を状況に応じて適切に活用することが必要であり、効果的でもある。そして、実社会・実生活における問題場面としては、パズルや定理の証明のようなケースの方が数的にも少なく、むしろ特殊だ。

さらに、汎用的認知スキルの働きと考えられてきた現象の中に、極めて質の高い領域固有知識の活用が混在していたこともわかってきた。たとえば、将棋やチェスの名人が、長い対局中のコマの動きをすべて正確に記憶しているのに驚かされることがある。この事実は、将棋やチェスの熟達が記憶力という汎用的認知スキルを高める証拠だって、誰しも思い込んできた。

ところが、あらためて検討したところ、彼らは過去の経験から盤面に現れる典型的なコマの配置パタンを領域固有知識として膨大にストックしていて、それらを当てはめて覚えることで大幅な記憶の効率化に成功していたことが明らかになった。実際、めちゃくちゃにコマを配置した盤面を暗記する課題を与えたところ、名人でも一般の人と同程度の数のコマしか記憶できなかったんだ。

このように、熟達者は汎用的認知スキルによってではなく、所有する領域固有知識を存分に活用した対象特殊的な方略により、質の高い問題解決を実現している。かくして、一九七〇年代半ばまでには、心理学者は汎用的認知スキルの働きや意義を部分的には認めつつも、質の高い領域固有知識とその効果的活用こそが知的振る舞いの中核をなすと考えるようになっていった。

知識の活性化

GPSの挫折は問題解決における領域固有知識の優位性を印象づけたんだけど、もちろん知識の単なる所有は質の高い問題解決の十分条件ではない。たとえば、問題解決を成し遂げるには、その知識が有用な時には迅速且つ確実に呼び出されることが不可欠なんだ。これは知識の活性化の問題であり、記憶内に貯蔵されているにもかかわらず「生きて働かない」知識を、心理学では「不活性な知識(inert knowledge)」という。

不活性な知識と活性化された知識では、その質に違いがある。不活性な知識は、言語的な命題や事実として貯蔵されていることが多い。たとえば、「車両走行中にアクセルペダルから足を離したり、低いギアにチェンジすることによって生じる制動作用をエンジンブレーキと言う」といった具合だ。

伝統的な学校のテストでは、この文の「アクセルペダル」や「制動作用」のところを空欄にし、穴埋め問題や多肢選択問題としてきた。しかし、それができることがどのような意味で「学力」なんだろう。

一方、活性化された知識では条件(IF)節と行為(THEN)節が対を成していて、行為節の知識がどのような場合に活用可能かは条件節の中に明示されている。たとえば、「もし、急な下り坂や雪道ならば」（条件節）、「車両走行中にアクセルペダルから足を離したり、低いギアにチェンジすることによって生じる制動作用（＝エンジンブレーキ）を使って走行しなさい」（行為節）といった具合だ。

さらに詳細には、フットブレーキを使ってはいけない理由が、長い下り坂の場合にはブレーキパッドの許容範囲を超えた熱が発生しブレーキが効かなくなる（フェード現象）からであり、雪道ではタイヤをロックしてスピンしかねないからなんだけど、そういった知識も含めて貯蔵することにより、知識はいっそう適切且つ効果的に活性化される。

自動車学校ならば、エンジンブレーキを言葉として知っている、あるいは概念定義を説明できるだけで終わることはあり得ない。その知識をどのような場面で用いるか、条件節についても併せてしっかりと指導し、さらにさまざまな状況で実地に経験を積ませるのが普通だろう。というか、そうしておかないと、危なっかしくてクルマの運転なんかさせられない。

一方、従来の学校では行為節の指導にばかり意識を集中し、条件節の指導を軽視してきた。その結果、生徒が所有する知識の多くは不活性な状態に留まっている。条件節の欠如は、知識が「生きて働かない」、つまり知識が思考力にまで届かない状態に甘んじている、およそ最大の原因なんだ。

問題志向的な学習

知識の活性化の程度は、どのように学んだかに依存する。認知心理学者のブランスフォードはこのように考え、食物の栄養学的価値、液体の標準密度としての水の利用、青銅器時代のオイルランプの作り方など、理科的な事実が書かれた読み物を準備した。そして、「できるだけ多く覚えるよう」教示した「事実志向的（fact-oriented）」な学習群と、「アマゾン川を下る旅支度をしているつもりで読むよう」教示した「問題志向的（problem-oriented）」な学習群に読ませて比較した。

文章を読んだ後、生徒たちは南西砂漠への旅行に際して考慮すべき一〇の問題を挙げ、できるだけ具体的に述べるよう求められる。すると、事実志向的な学習をした生徒たちは今読んだばかりの文章にはほとんど言及せず、「十分な食べ物と水を持って行く」といった曖昧な答えに終始した。一方、問題志向的な学習をした生徒たちは文章の情報を自発的、創造的に活用し、持っていく食べ物の種類、水の重さへの配慮、砂漠でのガソリンの利用可能性などについて明快に語った。

問題志向的な学習が効果的なのは、後に出合う問題場面と類似した文脈で学ぶからだ。それにより、知識はそれが活用可能な条件とセットで獲得される。さらに多様な文脈へと学習が拡げられるならば、知識はそれらと豊かに結び付き、広範囲にわたって活性化しやすい知識へと成長していくだろう。

すでにお気付きの通り、問題志向的な学習は、第二章で紹介したオーセンティックな学習と同じく、学びの素材や文脈を実社会・実生活に存在する本物の実践に近づけることを原理としている。このように、「思考力、判断力、表現力等」の育成に当たっては、まずもって授業や教材の在り方を問題志向的な、あるいはオーセンティックなものとしていくこと、つまり、学びの素材や文脈を本物にしていくことが大切になってくるんだ。

3－5 文化的リテラシーという難問

常に潜在する曲解と暴走の危険性

前節では、思考力をはじめとした、いわゆる汎用的認知スキルと呼ばれる学力側面は、領域固有知識とは別に実体的に存在するわけではなく、膨大な数の領域固有知識が、問題状況に応じて効果的かつ創造的に「活用」できるような質になっている、その状態なり働きであり、いわば機能的にのみ存在するということを書いた。

その背後には、思考力が大切だっていった途端に、「じゃあ、思考力を育てる時間をカリキュラムの中に特設しなくちゃ」って考えてしまう人がいることを想定して、そうじゃないんだよってことを知らせようという気持ちがある。というのも、こういった発想こそが典型的なコンテンツ・ベイスなわけで、僕としてはそこから一日も早く脱してほしいんだ。

コンピテンシー・ベイスの教育であろうとも、毎日の授業で具体的に教えるのはコンテツであることに変わりはない。問題は、そのコンテンツを通して、どんな状態を子どもの内に実現するかなんだよ。

厄介なのは、どんなに説明しても上手に誤解する人というのはいるもので、領域固有知識が大切であり、しかもそれが単なる知識の所有を超えて、思考や判断や表現といった働きを支えるという話をした途端に、「やっぱり最後は知識なんですよね。だったら、まずは大人が大切だと考える知識、社会において重要となってくる知識を、とにかくたくさん、しっかりと教え込むところから始めればいいんでしょう」なんて言い出す人が必ず出ることなんだ。そして、このような曲解や、それに基づく暴走の可能性は、残念ながら教育界に常に潜在している。

領域固有知識がリテラシーになる

たとえば、一九八七年、領域固有知識の重要性を示唆する研究動向に注目した英文学者のハーシュは、『文化的リテラシー』(Cultural Literacy) を出版し、アメリカ国民でありながら南北戦争がいつ起こったかも知らない教養不足の若者の出現を憂いた[1]。そして、学校は批判的思考(クリティカル・シンキング)のような汎用的認知スキルよりも、その推進者たちが「単なる事実」と蔑む領域固有知識の教授をこそ重視すべきだと主張したんだ。なぜなら、その「単なる事実」の欠如こそが学力不振はもとより、多文化社会アメリカにとって深刻な問題である人種や民族間の経済格差や社会的不適応、それらに起因する犯罪の元凶でもあるからだと、ハーシュはいう。

一つのエピソードで考えてみよう。かなり昔の逸話なんだけど、農学部の先生がある農村を訪問し、土壌の改善について講演した。講演の後、聴衆の一人がこんな質問をする。

「お話は心に響くことばかりで、一つひとつがなるほどなあと感心のし通しでした。ところで、この辺の田んぼには黒いのと縞のあるのがいるんですが、今日の先生のお話のドジョウは、どっちのドジョウのことだったでしょうか」

おじさんは一時間以上もの間、話のすべてを田んぼに泳ぐドジョウの文脈で聞いていた。興味深いのは、それでも何とか聞けていた、先生が伝えたい内容とはすっかり違うんだけど、それなりに一貫した意味を抽出できていた点だ。

「ドジョウに必要な栄養分は、窒素・リン酸・カリウムか。すると、そのカリウムとやらが、ドジョウの太さなんかに影響するのかねえ」といった具合に、それはそれは真剣に耳を傾け、さらに少し後では、「ああ、やっぱり思った通りカリウムだ。先生は、カリウムが根本の部分を丈夫にして、丸々と太らせるとおっしゃった」などと、すっかりボタンをかけ違えてはいる（先生が本当におっしゃったのは、カリウムが植物の根や茎を丈夫にして球根を太らせること）んだけど、時々は妙に辻褄があったりもしながら、おじさんは終始楽しく話を聞いたということなんだろう。

つまり、人は話を聞くとき、本を読むとき、漫然と受け身で一つひとつの単語や文を順番に頭の中に流し込んでいるわけじゃない。時々刻々立ち現れる個々の単語や文を全体として整合的に包摂する文脈を構築しようと、所有する知識や経験を総動員し、推論と検証を繰り返しているんだ。

そして、どのような理解（時には誤解や無理解）が構成されるかは、その人がどのような知識や経験を所有しているか、また何が活性化されやすいかに大きく左右される。大学の研究室では「土壌」と呼ぶのが日常的かもしれないけれど、かつての農村では素朴に「土」というのが普通で、「ドジョウ」という音は彼をして田んぼで出合う生き物の方を先に連想させてしまったんだ。

このエピソードからわかるように、話の文脈を正確に把握できなければコミュニケーションは成立しない。そして、どんな社会でも、その中で交わされるコミュニケーションは、その社会集団の成員であれば誰しもが身に付けているであろう一定量の知識を暗黙の前提として行われている。その知識を身に付けていなければ日常的なコミュニケーションにも事欠き、社会不適応を起こすのは必至だ。もちろん、そのような知識の有無は学習や問題解決にも大きな影響を及ぼすに違いない。

この観点から、その社会における基礎教養として成員に必須の領域固有知識（これが文化的リテラシーだ）を確定することは可能であり、それを習得することがその社会での成功の礎となる。ハーシュはこのように主張し、アメリカ社会で暗黙の前提とされていると思われる５０００の基礎教養語、たとえば、ゲティスバーグの演説、抗ヒスタミン剤、『風と共に去りぬ』などをリストアップし、学校はそれらを最優先で教えるべきだと訴えた。

「山」と言えば「川」は学力か

ここで注意すべきは、基礎教養語の中にはもちろん伝統的な教科的知識も含まれていて、それらは当然のこととして意味理解を伴う。その一方で、『風と共に去りぬ』のように、いつの、誰が監督、主演の映画で、どんなストーリーで、どんなことが関連して話題になるのかといった、事実的情報をただただ羅列的に承知しているだけで済む、そういう質でしかあり得ない知識も含まれる点だ。従来、それらはせいぜいクイズ番組で正解できるための暗記的・連想的な知識であり、装飾的な意義しか持たないと考えられてきた。

しかし、ハーシュは意味理解を伴う知識はもちろん、このような「単なる事実」に関する暗記的・連想的な知識もまた、コミュニケーションという社会文化的営為を適切に読み解くのに不可欠なリテラシーとして機能する場合があると主張する。

たしかに、重要な商談の相手が雑談の中で、「御社の庶務部長さんは、まるで『風と共に去りぬ』のスカーレット・オハラのようだね」などとコメントすることは十分にあり得るし、そこで狐につままれたような表情をしたり、その先の会話にうまく加われないようなことがあれば、それがきっかけで商談がまとまらないなんてこともあるかもしれない。

つまり、そこに意味や論理など一切なくとも、「山」と言われれば「川」と応えるのがこの社会では「普通」と連想できる、おのずと連想してしまう感覚を身に付けていることもまた、文化的リテラシーなんだよ。ここがハーシュの主張の従来にはない新しさというか、実に巧妙であり、同時に厄介なところになってくる。

「単なる事実」に関する暗記的・連想的な知識はもとより、教科が中心的に担ってきた意味理解を伴う知識ですら、子どもを「歩く百科事典」にするだけとの批判が時になされてきたわけなんだけど、ハーシュの主張はそのような声に対する強力な反撃となった。ハーシュによると、子どもという百科事典は単に歩くだけではなく、その道すがらで会話を交わし、文章を読むのであり、そこでは百科事典に盛られた「単なる事実」が大活躍しているというわけなんだ。

しかしその一方で、彼の大胆な主張は深刻な論争的問題をはらんでもいた。最大の問題は、国民的共通性を追究した結果であるはずの5000の基礎教養語が、白人的な主流文化に著しく偏っていたことだ。それは、異なる文化的背景を持つ人々に白人文化への同化を強要する。これはカリキュラムの政治性（カリキュラム・ポリティクス）に関わる問題であり、とりわけ科学的研究の名の下に特定の政治的立場を巧妙に正当化しようとしている点に、大いに注意する必要がある。

今一つの重要な問題は、基礎教養語のいくらかは教科の中ですでに教えられているか、教科との関連づけで無理なく指導できるんだけど、それ以外の「単なる事実」に関する暗記的・連想的な知識もまた学校で教えるのか、カリキュラムに盛り込むのかという問題だ。

これは学校が担うべき役割、その守備範囲に関わってくる。仮に学校教育の目標が子どもを質の高い問題解決者に育て上げることだとして、必要なもののすべてを学校は担うのか、それには文化的リテラシーとして機能する「単なる事実」に関する暗記的・連想的な知識も含まれるのだけれど、と問われたなら、何と答えればいいんだろう。

僕個人としては、学校での学習は意味を追い求めることを常に要件としたいと思う。なぜなら、意味を求める意思を拒絶する学びを学校に導入することは、主体として判断する態度や能力の育成から子どもを遠ざけかねないからだ。

したがって、「単なる事実」に関する暗記的・連想的な知識のうち、意味理解を求める教科学習に付随して結果的に学ばれるもの以外については、それ自体の習得を目的としてカリキュラムに導入するといったことに、僕は賛同しかねる。

語彙の教育を文化的リテラシーにしない

いずれにせよ、文化的リテラシーという視点は、およそ僕たちが考えもしなかった角度から深く重たい問いを、今も学校教育に投げかけている。

なにより、リテラシーとは生きて働く機能的な学力そのものであり、その意味でコンピテンシーに近い学力側面なんだ。それが、意味理解すら伴わない、しかも特定の文化的背景に著しく偏った領域固有知識の教授を必然とするとの主張が、かなりの怪しさを伴いつつもとりあえずは可能となる点に、大きな危険性を感じるべきだろう。

最近の議論でも、語彙の重要性が叫ばれている。それ自体は十分に論拠のあるものだし、多くの識者は質の高い、子どもにとっての意味や文脈を伴うものとして、語彙の教育を語っている。しかし、それが表面的、形式的に受け止められ、乱暴に推進されるとき、文化的リテラシー論の二の舞になる可能性はゼロではない。

資質・能力育成における領域固有知識の重要性に疑いの余地はない。でも、そこでは常に、知識の質を深く問うことを忘れてはいけないんだ。

[注]

1 E.D. Hirsch 1987 *Cultural Literacy: What Every American Needs to Know.* Houghton Mifflin Harcourt. かつては翻訳も出版されていたが、現在は絶版。
E.D.ハーシュ（著）中村保男（訳）『教養が、国をつくる―アメリカ建て直し教育論 アメリカの基礎教養5000語付き』TBSブリタニカ、一九八九年

3 6 総合的な学習の時間における知識の重視

時代を先取りしていた総合的な学習の時間

二〇一七年版学習指導要領では、すべての教科等の学力論が資質・能力の三つの柱で表現される。このような中にあって、総合的な学習の時間では、すでに前回、つまり二〇〇八年の改訂において「育てようとする資質や能力及び態度」という概念が位置付けられ、汎用的な資質・能力の考え方が導入されていた。その意味で、二〇一七年版学習指導要領の理念を先取りしていたといっていい。

「育てようとする資質や能力及び態度」は各学校で設定するようになっていたんだけど、その際、「例えば、学習方法に関すること、自分自身に関すること、他者や社会とのかかわりに関することなどの視点を踏まえること」が求められてきた。今回の改訂に伴い、「育てようとする資質や能力及び態度」は資質・能力の三つの柱の中に発展的に解消される。そこでは、「学習方法に関すること」が「思考力、判断力、表現力等」と、「自分自身に関すること」及び「他者や社会とのかかわりに関すること」の二つが「学びに向かう力、人間性等」と、それぞれ対応する。

注目すべきは、この状況を資質・能力の三つの柱の側から見た場合、「知識及び技能」が「育てようとする資質や能力及び態度」には含まれていなかったことだろう。従来、「総合的な学習の時間では、この時間で取り上げられる個々の学習対象について何らかの知識を身に付けることや、課題を解決することそのものに主たる目的があるのではない」（二〇〇八年版中学校学習指導要領解説　総合的な学習の時間編　六七頁）と説明されてきた。

もちろん、これは探究の中で結果的に子どもが知識を身に付けることの意義や、それらを適切に活用することで自己の生き方について考えを深めていく可能性等を軽視するものではなく、あくまでも知識の習得それ自体を「主たる目的」とはしないという意味なんだけど、それでも、知識及び技能の位置付けが不明瞭であったことは否定し難いと思う。

したがって、二〇一七年版学習指導要領において、総合的な学習の時間でも知識及び技能が明確に学力論に位置付けられたのは画期的だ。なぜなら、近年の研究によると、質の高い問題解決に領域固有知識、とりわけ本人が深く考え抜く中で意味を生成した概念的な知識や統合化された知識は不可欠だということが次々と明らかになってきた。

加えて、思考力や判断力と呼ばれてきた心の働きも、知識とは別に存在するのではなく、そういった知識がさまざまな状況や文脈で繰り返し活用される中で、どの知識がどのような場面で、またなぜ有効なのかが感得され、さらにそういった経験が整理・統合された結果、いかなる場面でもそこで有効な知識を個性的・創造的に繰り出せるようになった状態にほかならないことがわかってきたからなんだ。

これからの総合的な学習の時間では、一歩先んじて進めてきた汎用的な資質・能力の育成という方向性を引き続き大切にするとともに、領域特殊的な知識及び技能を明確に意識したカリキュラムづくり、授業づくりに力を入れていきたい。そのことが結果的に、思考力をはじめとする汎用的な資質・能力のなお一層の充実にもつながっていく。

「解決」が意味するもの

それでは、具体的にどのような知識の形成を目指すべきなのか。一つの事例で考えよう。

「地域の自然環境とそこに起きている環境問題」を探究課題とする単元の中で、中学二年の生徒たちが川と河原の遊歩道の清掃に取り組んだ。しかし、丁寧に清掃しても一週間もすれば元の木阿弥となる状況に落胆し、自分たちの目の前で平気でゴミを捨てていく大人たちに不満を募らせていく。そんな時、同じくボランティアで清掃活動を続けている地域の人たちに出会う。

生徒が「いくら頑張っても問題が解決しない」と訴えても、おばさんたちは笑顔で「いいの、自分たちがやりたくてやっているんだから」「やめちゃうと、もっと汚くなるしね」と平然としている。

そして、「それでもこうやって続けているうちに、段々仲間も増えてきたよ」と言うので、生徒の一人が「どのくらい続けているの」と尋ねると、「早いもので、一五年になるかね」とあっけらかんと答えてくれた。

生徒たちは、自分が生きてきたのと同じだけの時間、この景色が繰り返されてきたことを知り、愕然とする。そして、自然環境を巡る問題に取り組むとはどういうことか、その解決とはどのような状態を指すのか、あらためて深く問い始めた。

学校に戻った彼らが膨大な調査や議論の末にたどりついた結論は、人間がいなくなれば、少なくとも旺盛な経済活動を行わなければ、自然環境は保全されるというショッキングなものだった。でも、自分たちがいなくなるわけにはいかないし、経済活動を止めるわけにもいかない。そこに、「環境負荷」や「持続可能な開発」といった概念的知識が、以前とは異なる切実さや具体性を伴って立ち上がってくる。

総合的な学習の時間では、生徒は探究課題の「解決」を目指して活動する。しかし、実社会・実生活の問題を巡っては、すべての困難や矛盾が消えてなくなることはまれであり、とりあえず不都合のない程度に収めたり、今より悪くはならない状態を維持すること、あるいは影響の及び方に明らかな不平等のないことが当面の目標となる。

また、人々の意識や社会の変革は一朝一夕には成し遂げられない。しかし、誰かが始め、また続けていかなければ何も起こらないのも事実だろう。そして、見ている人は必ずいるものであり、真摯な営みは徐々にではあるんだけど、着実にその波紋を拡げていく。生徒たちが気付いたのは、実にそのようなことだった。

探究を通しての自己更新

「地域の自然環境とそこに起きている環境問題」「働くことの意味や働く人の夢や願い」など、総合的な学習の時間の中で子どもたちが「探究的にかかわりを深めるひと・もの・こと」である探究課題について、子どもたちが何も知らないなんてことはありえない。いや、むしろ本質的ではない、時には大いに不適切な予断や先入観を、しかも無自覚、無批判に抱いていることが多い。

総合的な学習の時間ではこの予断や先入観を、子どもたち自身が探究課題の解決を目指した学習活動を通して、より妥当性の高い本質的な概念的知識へと自己更新していくことが望まれる。そして、この自己更新が適切に成し遂げられるよう、教師は単元を精緻に組み立て、その時々の子どもの姿に即して学びを支援する必要がある。

そのためには、まずもってその探究課題を巡って、子どもたちがどのような予断や先入観を持っているのかを知る必要がある。いわば「子どもの研究」であり、日常の丁寧な会話や問いかけを通じて、ごく自然に探り出すことができるだろう。

次に、探究課題を巡って、目指すべき本質的で統合的な概念的知識とはどのようなものかを知る必要がある。教科でいう「内容研究」に当たるものであり、教科と同様、仲間とともに文献的な研究やフィールドでの調査を通して深めていきたい。現状では、ここが弱いがゆえに学びに深まりの出ないことが圧倒的に多い。まずは新書でいいから、しっかりとした本を一冊読むことから始めたい。環境であれ福祉であれ、教師自身が大いに思い違いをしていたことに気付くだろう。探究課題ごとにこのような作業を丁寧に進めることにより、資質・能力として育成すべき「知識及び技能」の詳細が明らかとなってくる。

こうして、子どもの現状と目指すべき状態が明らかとなってくれば、どのような単元を開発すべきかもおのずと見えてくる。

まず、どのような体験や事実との出合いが、子どもたちの予断や先入観を揺さぶり、探究への意欲をかきたてる切実な問いを生み出すかを考えたい。そして次に、目指すべき概念的知識に向けた修正・洗練・統合は、どのような探究過程をたどることによって効果的に実現できそうかを構想する。最後に、単元の各段階、探究の各場面において、子どもたちだけでは超えられないハードルがどこにあり、どのような教師の支援が必要かを予測していく。

思考力や判断力を育成するからこそ、概念的で統合的な理解という意味での知識が重要になってくる。いうまでもなく、この原理は総合的な学習の時間のみならず、すべての教科等に当てはまる。よく、総合的な学習の時間だけが何か特殊で難しいみたいに思い込んでいる人がいるんだけど、そんなことはないんだ。授業である限り、それ以前に子どもの学びである限り、そこにはもっと普遍で安定な原理が存在する。そういったことが見えてくれば、あなたを悩ませている多くの迷いは一気に消え失せ、心穏やかに子どもたちと向かい合うことができるだろう。

3-7 情意に関わる資質・能力の重要性と育成可能性

情意に関わる資質・能力

汎用的な資質・能力というと、この国ではどうしても思考力や判断力のような認知的な能力を考えがちだ。ところが、1-3で紹介したマクレランドの研究によると、人生の成功をもっとも大きく左右するのは、意欲や自尊心の高さ、感情の自己調整能力だった。

意欲や自尊心なんて、僕たちは日頃簡単に口にしているけれど、それは一体どんなものなんだろう。このことをしっかりと把握しなければ、教育的に育成することなんかできやしない。あるいは、そもそも育成できるんだろうか。そんな疑問も湧いてくる。というわけで、ここでは情意に関わる資質・能力の実相について考えてみたい。

マシュマロ・テスト

心理学者であるウォルター・ミシェルが一九七〇年代に考案した、マシュマロ・テストという面白い実験がある[1]。主に幼稚園児を対象に、マシュマロやチョコレートなど、その子が大好きなおやつを一時的に先延ばしできるかどうかを手がかりに、自制心の高さを見るんだけれど、具体的には、子どもをテーブルの前に座らせ、今すぐ食べていい一個のおやつと、卓上ベルをテーブルの上に置く。子どもは、いつベルを鳴らして一個のおやつを食べてもいいし、研究者が戻ってくるまで一人きりで最長二〇分待ち、それまで席を離れたりおやつを食べ始めたりしていなければ、さらにもう一個のおやつ、つまり二個のおやつを手に入れることができる。

「そんな簡単なこと」と思うかもしれないけれど、子どもたちにとっては実に過酷なジレンマ状況で、二個のおやつをゲットできたのは三分の一から四分の一の子どもに過ぎなかった。いや、これは何も幼い子どもだからじゃないんだ。実は大人だって似たような状況では大いに苦労している。

たとえば、ダイエットや禁煙で悩んでいる人はたくさんいるけれど、誰も何もしないのにケーキやタバコがあなたの部屋にあるはずはない。あなた自身がわざわざ買ってくるから、そこにあるんだよ。そんな余計なことさえしなければ、ダイエットや禁煙だって成功するはずなんだけど、誘惑に負けてその余計なことをついやってしまうのが人間なんだ。

その一方で、昨日まであんなに甘いもの好きだったりヘビー・スモーカーだったのに、いきなりピタリとやめてしまえる人もいる。これが自制心であり意志力なんだけど、マシュマロ・テストはそれを実に簡単な方法で的確に測定する仕組みになっている。

驚くべきは、幼児期にマシュマロに対する欲求を先延ばしにできたかどうかで、彼らの将来をかなり正確に予測できることだろう。おやつを待てた子は待てなかった子に比べ、青少年期に問題行動が少なく、理性的に振る舞い、大学進学適性試験（SAT）のスコアが二四〇〇点満点中、平均で二一〇点も高かった。また、成人後の肥満指数が低く、危険な薬物に手を出さず、対人関係に優れており、自尊心が高いとの報告もある。

四歳時点での自制心が大学入試の成績を左右したことに驚くかもしれない。でも、今日やるべき宿題に帰宅後すぐに取り組める子と、ついつい誘惑に負けてテレビゲームを始めてしまう子の違いなわけで、それを小学校入学以降、毎日のように繰り返し、さらに一二年間も蓄積するんだから、このくらいの差が出ても不思議ではないかもしれない。

そして、思えば幼児期の教育は、こういった情意的な資質・能力の育成に随分と心を砕いてきた。したがって、マシュマロ・テストの結果は、情意的な資質・能力の重要性と共に、幼児教育の質の重要性をも強く訴えかけている。

実際、質の高い幼児教育の提供が、情意的な資質・能力を介して子どもたちの将来を大きく左右し、さらにそれが社会全体の治安や経済状況にも影響を及ぼすといった報告も数多くなされてきた。教育経済学では、すべての学校段階の中で、幼児教育への社会的投資がもっとも効果的だといわれているし、最近は先進国はもとより開発途上国でも幼児教育に力を注ぐ事例が増えているんだけど、その背景にはこういった研究動向があるんだ。

自制心は根性や気合ではない

ここで、「なるほど。じゃあ、明日から自分の子どもにおやつを我慢するよう厳しく躾けよう。そうすれば先々、学校の成績がよくなるわけだ」などと短絡的に考えちゃいけない。おやつを我慢するという特定の行為それ自体を訓練しても、何の意味もないだろう。そうではなく、子ども自身が先々のことを考え、自身の行動について見通しや計画を持ち、また自らの意志に合致する方向で衝動的な欲求や感情を適切に制御できるようになることが大切なんだ。

実際、マシュマロ・テストでおやつを先延ばしにできた子どもたちは、さまざまな戦略を用いていた。手で顔を覆っておやつを見ないようにする、歌を歌って気を紛らわせる、自分の部屋にあるおもちゃのことを思い浮かべるといったあたりが、その代表的なものなんだけど、中には「待っていればクッキーが二個」とつぶやいては、何のために我慢しているのかを自分に再確認する子もいた。また、「このおやつが本物じゃなくて、写真だって考えてもいいですよ。額縁に入れちゃうんです」といったヒントを与えると、我慢できる時間が格段に長くなるという報告もある。

自制心とか意志力というと、特に日本人はただただ根性や気合でがんばると考えがちなんだけど、実は自制心や意志力のかなりの部分はスキルや方略なんだ。その意味では、情意的な資質・能力といってきたけれど、それを制御しているのは知識や思考といった認知だともいえる。

より本格的な議論としては、そもそも認知か情意かなんて二分法で考えるのが間違っていて、情意といわれてきたものも多くは認知的な制御に依存しているし、認知と区分されてきたものも情意的な色彩を伴う場合のあることがわかってきている。ウォーム・コグニション（暖かい認知）なんて言葉さえあるくらいで、そろそろ知・情・意なんて古典的な枠組みそれ自体から見直した方がいいのかもしれない。

いずれにせよ、自制心や意志力のかなりの部分がスキルや方略だとすれば、言葉を用いて論理的にその考え方や具体的な手続きを教えることは可能だということになる。ダイエットや禁煙をしようと意志を固めてもすぐに挫折するのは、意志が薄弱だからじゃない。意志を実際の行為に結びつけるスキルなり戦略が身に付いていない、あるいは適切に発動できていないことが主な原因だと考えるんだ。そうすることにより、あれこれと対処法を考え出すことだってできるし、なにより、本人が無駄に落ち込んだり、道徳性や人格といった面を批判されずに済むようになる。

意欲も無気力も学習される

ところが、教育の歴史を振り返ると、これら情意に関わる資質・能力については、学力に含めるべきではないとの主張がしばしばなされてきた。理由はさまざまなんだけど、主に次の二つに集約できるように思う。

第一の理由は、意欲は生まれもっての素質や性格に負うところが大きく、知識や技能のように誰しもが学習によって身に付けられるものではないから、学力に含めるのは適当ではないというものだ。

第二の理由は、意欲は本人がそのように振る舞おうと思いさえすれば直ちにそうできるものであり、学習を要するものではないから、学力に含めるべきではないとの主張になる。

興味深いことに、両者は本人の意志と意欲の関係において正反対の立場に立っている。第一の理由では、意欲は本人の意志ではどうにもならないものと見なされているのに対し、第二の理由では、意欲を出すのも出さないのも、すべては本人の意志次第だと考えられていた。

ただ、両者は意欲が学習とは無関係であると考える点では一致していて、両者共にそれが意欲を学力に含めるべきではないとする主な根拠になっている。しかし、本当に意欲は学習とは無関係なんだろうか。

一九七〇年代以降の動機づけに関する心理学的な研究は、意欲やその欠如状態としての無気力が、生得的でコントロール不能な感情状態でも、本人次第でいかようにもなる意志の作用でもなく、環境との相互作用の中で後天的に「学習」されるものであり、自分と自分を取り巻く環境に関する一種の認知がその中核をなしていることを明らかにしてきた。

たとえば、無気力は度重なる失敗などから、「自分はいくらがんばってもうまくいかないんだ」という自己概念を帰納的に「学んだ」ことによって生じることが知られている。これを学習性無力感と呼ぶんだけど、近年深刻な社会問題となっている鬱病も、一部は学習性無力感によって生じていると考えられるようになってきた。

鬱病は、まだまだ本人のがんばりや人間性の問題だと誤解されていて、それが過剰に自責の念を生じさせ、かえって症状を悪化させることがある。そんな社会風潮の形成にも、長年にわたって情意に関わる資質・能力を学力とは認めてこなかった、つまり学習により育成可能なものとは考えてこなかった、従来の学校教育が影響しているのかもしれない。

これに対し、二〇一七年版学習指導要領では、情意に関わる資質・能力を学力論の中に適切に位置づけた。このことを僕は実に画期的な一歩だと思うし、ここで書いてきたようなことをも考え合わせるならば、それこそ人間の尊厳にすら関わってくる大切なことだって思うんだ。

〔注〕

1　ウォルター・ミシェル（著）柴田裕之（訳）『マシュマロ・テスト：成功する子・しない子』早川書房、二〇一五年

3-8　マインドセットという学力

無気力は後天的に生み出される

前節では、意欲や意志力、あるいは自制心のような情意的と呼ばれてきたものも、資質・能力の一翼を担うものとして学力論の中に正当に位置付け、明確な意図性・計画性をもって学校で育成していくことができるし、育成していくべきだと書いた。

近年の研究は、無気力や無力感も「学習性」、つまり後天的に環境との相互作用の中で生み出されることを明らかにしてきた。たしかに、ブルーな三歳児なんてのにはちょっとお目にかからないわけで、小学校一年生だって、入学したての頃は誰しも意欲的だ。それが、早くもゴールデン・ウィーク明けには元気がなくなってくる。

どの子も最初はその子なりに精一杯がんばっている。ところが、そのがんばりが奏功しないことが新たな環境である学校ではままあって、そんな経験が繰り返されると、元気いっぱいで入学してきた子たちも、さすがに参ってしまう。ついには努力を放棄し、ぼんやりと授業をやり過ごすようになる。もちろん、それではいよいよ授業についていけなくなるから、さらに意欲や自信は低下の一途を辿る。この悪循環の中で無気力や無力感は生み出され、雪だるま式に拡大し続けていく。

すごく単純化していえば、これが無気力が生み出されていくメカニズムなんだよ。

意欲を学び直す

ならば、努力の有効性を学び直せば、無気力もまた改善されるんじゃないか。こんな考え方に立って、キャロル・ドウェックは極端に無気力と診断された八歳から一三歳までの子ども六名を対象に、再帰属法と名付けた二五日間の教育プログラムを実施した。

子どもたちは放課後に一五セットの算数の問題を解くように求められるんだけど、合格基準が決められていて、毎日二～三セットは基準に到達できず失敗を経験するよう仕組まれている。失敗に対し先生は、あとどれだけ解けばよかったかを告げ、さらに失敗の原因は努力が足りなかった点にあり、気持ちを集中して努力すべきだと諭す。そして、気を取り直して努力した次のセットでは成功するという経験が繰り返されるんだ。

プログラムの背後には、無気力な子どもは失敗の原因を能力不足に求めがちなのに対し、意欲的な子どもは努力不足に求めるという知見がある。このような個人の認知傾向を原因帰属というんだけど、先の手続きは能力帰属から努力帰属へと子どもたちの原因帰属を変容させた上で、実際に自身の努力の有効性を繰り返し経験させるものだった[1]。

プログラムの結果、子どもたちは粘り強さを身に付け、失敗に直面してもあきらめたり混乱することなく挑み続けるようになり、成績も大きく改善されていく。つまり、子どもたちは意欲を学び直し、無気力からの復活を遂げ、再び学びへと返り咲くことができたんだ。

二つの能力概念とマインドセット

ドウェックは、紹介したような研究をさらに発展させて、マインドセット（mindset）という考え方を打ち出した[2]。その名の通り、心の在り方だから、これもまた一種の思い込みや信念にほかならない。

学習や達成を巡る子どもの心理には、原因帰属でも登場した努力と能力の二つが大きな役割を果たしている。小学校低学年の子どもに「がんばる子」と「かしこい子」について尋ねると、がんばる子はできることがどんどん増えていくから、だんだんとかしこい子になる、なので、がんばる子がかしこい子だと考えていることがわかる。

つまり、努力と能力は同じ方向を向いていて、努力によって能力は常に、そしてどこまでも変化・成長し続けられるというわけだ。ドウェックは、この成長的な能力概念を基盤とする見方を、成長的マインドセット（growth mindset）と名付けた。

一方、中学年くらいから徐々に、同じ成績を取ったとすれば、よりがんばらなかった子の方がかしこい子だと考えるようになる。この考え方では、努力と能力は逆方向を向いているわけなんだけど、これは能力のとらえかた、能力概念が発達的に変化してきているからなんだ。

つまり、能力とは生まれながらにしてその限界が運命的に定められていて、何をしても一生涯変わることのない、いわばキャパシティであると見ているんだよ。すると、同じ成績であれば、努力すればするほど能力が低いことを自分にも他人にも証明してしまう。ドウェックは、このような固定的な能力概念に支配された見方を、固定的マインドセット（fixed mindset）と命名した。

固定的マインドセットは、他者との比較や反比例的な見方といった認知能力が発達したからこそ獲得できた、その意味で高度で洗練された概念なんだけれど、さまざまな副作用をもたらすというか、わるさをする。

そこでは、物事に取り組むのは理解や上達のためではなく、自身の能力の高さを自分と他人に誇示するためだ。テストで悪い点を取る、試合に負ける、友達とうまくいかないといったつまずきは、すべて能力が低い証拠となり、ただちに失敗を意味する。したがって、少しでもそうなりそうな気配を感じると、不安を感じ、消極的で防衛的になる。過敏なまでの他者との比較や、そこから生じるねたみやそねみ、あるいはあざけりや侮蔑といった負の社会的感情も、同様の心理がもたらしている。

また、なるだけ努力しないで成功すれば、それこそが優秀さのもっともよい証明になるから、努力は基本的に忌まわしいものになってしまう。テストや試合の前日にわざと勉強や練習をさぼったり、せっかく勉強をがんばっているのにそれをひた隠しにする中学生の心理の背後では、このメカニズムが働いている。

一方、発達的にはより幼い成長的マインドセットも上書きされたり消えたりするわけではなく、大人の心の中にも残っている。マインドセットは一種の思い込み、信念だから、いずれのマインドセットがその人の日常生活で優勢になるかには個人差が生じがちだ。

成長的マインドセットが優勢な人は、固定的マインドセットに縛られている人とは、まったく異なる精神世界を生きている。物事に取り組むのは、何かしら新たなことの理解や上達のためだ。なので、自分が大切だと思うものを本気で追究しないこと、可能性を十分に発揮しないでいることこそが失敗だと考える。懸命に取り組む途上で生じたつまずきは、むしろ今後どうすべきかを教えてくれる有益な情報源であり、一時的にはがっかりするかもしれないけれど、決定的な失敗とは考えない。

また、努力こそが人をかしこく、有能にしてくれるものだから、わざと努力を差し控えたり、いわんや隠したりなんてことはしない。また、他人の努力や成功を素直に賞賛し、共に喜ぶことができる。他人の成功は、自分がどうすべきかにヒントや勇気を与えてくれる参考事例であり、およそネガティブな感情とは無関係というわけなんだ。

賞罰や競争のための手段として学ぶことを外発的動機づけ、学習内容や学ぶ過程それ自体を目的として学ぶことを内発的動機づけというんだけど、すでにお気付きの通り、固定的マインドセットは外発的動機づけを、成長的マインドセットは内発的動機づけをもたらす。つまり、意欲の高低もさることながら、意欲の質がすっかり異なるんだ。

このように、いずれのマインドセットが優勢になるかによって、「学びに向かう力、人間性等」は一八〇度違ってくる。いうまでもなく成長的マインドセットの方が好ましく、両者の違いの影響は日々の教室での振る舞いや仲間との関係性、経験する感情や形成される自尊心、そして従来型の成績はもとより、学び取られる知識や技能の質にまで及ぶだろう。

教育評価とマインドセット

原因帰属なんかと同様にマインドセットも主観的な思い込み、個人の信念だから、適切な教育的働きかけや環境の提供により修正、誘導、形成が大いに可能ということになる。

がんばってもがんばってもできない、わからない経験や、いつも他人との比較で評価される経験は、固定的マインドセットを優勢にしがちだ。気をつけたいのは、成功時にその子のよさを認め励ます意図で「頭がいいね」「優秀だね」と能力に焦点を当てた褒め方をすることが、固定的マインドセットへの引き金になりかねないことだろう。こちらは認め励ましたつもりであり、実際その時は子どももうれしく誇らしいんだけど、同時に「もし、次回も引き続き成功できなければ、それは頭がわるいことの証拠である」とのメッセージをも、子どもは無意識のうちに受け取っている。

これとは逆に、がんばりに応じて望む結果が得られたという経験や、他人との比較ではなく、以前の自分と比べて伸びた部分が評価される経験、成功に対してはそれをもたらした努力に焦点を当てて賞賛することなどが、成長的マインドセットを活性化する。

その意味では、一九九八年の学習指導要領改訂以降、段階的に教育評価の在り方が改善され、豊かさを増しているのは望ましいことといっていいだろう。かつては教育評価といえば、他人との比較に焦点を当てる相対評価が主力だった。それが学習内容を拠り所とする規準準拠評価へ、さらに個人内評価や目標にとらわれない評価をも取り入れ、多面的な視点でその子ならではのがんばりを意味づけ、賞賛していく評価システムへと徐々に移行してきた。こういった動きを上手に活かし、子どもたちが常に成長的マインドセットの下で伸び伸びと学ぶようにしていきたい。

［注］

1　原因帰属と意欲や感情の関係については、奈須正裕『やる気はどこから来るのか―意欲の心理学理論』北大路書房、二〇〇二年に詳しい。

2　キャロル・S・ドゥエック（著）今西康子（訳）『マインドセット』草思社、二〇一六年

第4章
カリキュラムで発想する時代へ

4－1 教育の「人間化」とプログラミング教育

小学校に新規に導入されたコンテンツとしてのプログラミング

カリキュラムというスケールで見た場合、二〇一七年版学習指導要領は高等学校について、教科・科目の構成からそこで取り扱う指導事項に至るまで、かなり大幅な見直しを強力に推し進めた。一方、小中学校では、在来の教科等に関する限り、基本的に時数においても指導事項においてもその変化は最小限に抑えられたと見ることができる。

もちろん、指導事項、つまりコンテンツは変わらなくても、それを通して培う資質・能力、つまりコンピテンシーの方を大いに充実させていこうというのが二〇一七年版学習指導要領の最大の特徴なわけだから、指導事項に変化がないからといって、授業やカリキュラムまでそのままでいいってことにはならない。まあ、この話はこの本全体を通して書いていることだから、ここではこのあたりにしておこう。

というのも、そんな中、新規のコンテンツとして小学校教育に大々的に導入されたものが二つあって、それが教科としての英語とプログラミング教育なんだ。このうち、英語教育についてはすでに2－5で触れたから、ここではプログラミング教育について考えてみることにしよう。

第四次産業革命と学力論の拡張

プログラミングは小学校に新たに導入されるコンテンツなんだけど、そこはコンピテンシー・ベイスを原理とする二〇一七年版学習指導要領なんだから、単にコンテンツとして教えるんじゃあつまらない、というか本来の目的を達することはできないだろう。ここはやはり、コンピテンシー・ベイスな発想で導入したいし、教科等横断的なカリキュラム・マネジメントにも挑戦したい。そのためにも、まずは導入の経緯や趣旨、目指すべき学力論なんかについてはっきりさせておく必要がある。

小学校プログラミング教育は、二〇一七年版学習指導要領の改訂作業の中で検討が進められ、必修化が決定された。具体的には、二〇一六年四月一九日付文書によって「小学校段階における論理的思考力や創造性、問題解決能力等の育成とプログラミング教育に関する有識者会議」が設置され、三回の検討を経て、同年六月一六日に「小学校段階におけるプログラミング教育の在り方について（議論の取りまとめ）」が出される。

その冒頭に登場するのは、「第四次産業革命」は教育に何をもたらすのか、という問いだ。第四次産業革命とは、一八世紀末に始まる水力や蒸気機関による工場の機械化としての第一次産業革命、二〇世紀初頭からの電力を用いた大量生産としての第二次産業革命、一九七〇年代以降の電子工学や情報技術を用いたさらなるオートメーション化の進展としての第三次産業革命に続く、新たな技術革新を指している。

その第一は、ＩｏＴ（internet of things：モノのインターネット）とビッグデータだ。従来のインターネットは人が情報の授受の対象だったんだけど、今や工場の生産機械や家庭の家電製品などのさまざまなモノがインターネットにつながり、遠隔・自動での複雑な制御が可能になっている。また、交通や気象から個人の健康状況まであらゆる情報がデジタルデータ化され、これらをネットワークで結んで集約し、分析・活用することで、新たな付加価値を生み出せるようになってきた。

第二は、ＡＩ（人工知能）だ。ディープ・ラーニング技術により、人間がコンピュータにすべての指示を与えなくても、コンピュータが自ら学習し、一定の判断を行うことが可能となってきた。

こうした技術革新により、従来人間によって行われていた労働が大幅にＡＩやロボットによって補助・代替されることが予想されている。

1‐4でも話したように、僕たちの学校は第一次産業革命に伴って誕生した。大規模機械生産の登場は定型的な単純労働に従事する人材を大量に必要とし、それを効率的に供給する社会装置として、今日まで続く近代学校の制度や方法が整備されたんだ。そこでは、教師から教わった「正解」をそのままの形で保持し、迅速かつ正確に再生することが「学力」の中核になるんだけど、それは当時の工業生産の特質と酷似している。

第四次産業革命によって補助・代替される労働というのは、まさにそのような定型労働だから、それを支えてきた従来型の「学力」もまた、無用の長物となるのは必至だろう。繰り返しになるけれど、二〇一七年版の学習指導要領改訂において、学力論を「何を知っているか」というコンテンツ・ベイスから「何ができるか」というコンピテンシー・ベイスへと拡張したこと自体、まさにこの変化の反映なんだ。

ＡＩ時代は教育の「人間化」の時代

とはいえ、コンピュータは人間とは異なる。いくら優秀になったとはいえ、コンピュータが与えられた目的の範囲内で処理を行っていることに変わりはない。

一方、「人間は、感性を豊かに働かせながら、どのような未来を創っていくのか、どのように社会や人生をよりよいものにしていくのかという目的を自ら考え出すことができる。多様な文脈が複雑に入り交じった環境の中でも、場面や状況を理解して自ら目的を設定し、その目的に応じて必要な情報を見いだし、情報を基に深く理解して自分の考えをまとめたり、相手にふさわしい表現を工夫したり、答えのない課題に対して、多様な他者と協働しながら目的に応じた納得解を見いだしたりすることができるという強みを持っている」と、「議論の取りまとめ」は述べている。

第一次産業革命が人々にもたらした労働の在り方は、チャップリンが映画『モダンタイムス』で描いたように、人間の機械化だった。そして、そこへの人材供給のために整備された学校教育も、多分に共通した特質を内在させている。エジソンは素朴で真剣な「なぜ」の問いを発し続けたが故に、わずか三ヶ月で放校処分になるんだけど、今から思えばなんて理不尽なことだろう。そのエジソンが電力を発明し、第二次産業革命をもたらしたのは、まさに時代の皮肉としかいいようがない。

第四次産業革命は、第一次産業革命が要請した、暗記中心の受動的で定型的な学習との決別を可能にしてくれる。AIの進展により、もはや人間は機械にできることをしなくてもいい。そして、人間にこそできること、人間ならではの強みを伸ばすことに、教育はそのリソースを集中できるし、集中すべきなんだ。その意味でAI時代の到来は、教育の「人間化」時代の到来といっていいんじゃないかって、僕は思う。

焦点は「プログラミング的思考」

そのような意味での教育の「人間化」を達成する前提として不可欠になってくるのが、自らが設定した目的を実行する手段として、第四次産業革命をもたらした数々の技術革新を主体的に使いこなす資質・能力の育成だろう。「議論の取りまとめ」は述べている。

「子供たちが、情報技術を効果的に活用しながら、論理的・創造的に思考し課題を発見・解決していくためには、コンピュータの働きを理解しながら、それが自らの問題解決にどのように活用できるかをイメージし、意図する処理がどのようにすればコンピュータに伝えられるか、さらに、コンピュータを介してどのように現実世界に働きかけることができるのかを考えることが重要になる。そのためには、自分が意図する一連の活動を実現するために、どのような動きの組合せが必要であり、一つ一つの動きに対応した記号を、どのように組み合わせたらいいのか、記号の組合せをどのように改善していけば、より意図した活動に近づくのか、といったことを論理的に考えていく力が必要になる。こうした『プログラミング的思考』は、急速な技術革新の中でプログラミングや情報技術の在り方がどのように変化していっても、普遍的に求められる力であると考えられる。また、特定のコーディングを学ぶことではなく、『プログラミング的思考』を身に付けることは、情報技術が人間の生活にますます身近なものとなる中で、それらのサービスを受け身で享受するだけではなく、その働きを理解して、自分が設定した目的のために使いこなし、よりよい人生や社会づくりに生かしていくために必要である。言い換えれば、『プログラミング的思考』は、プログラミングに携わる職業を目指す子供たちだけではなく、どのような進路を選択しどのような職業に就くとしても、これからの時代において共通に求められる力であると言える」

つまり、小学校プログラミング教育が目指すのは、特定のプログラミング言語を習得し、それを用いてプログラムを書くコーディングではなく、コンピュータのあらゆる動作の背後にある基本的な論理の理解であり、独特な思考様式としての「プログラミング的思考」の感得なんだ。

教科等の学びとの互恵的関係

小学校プログラミング教育の最大のねらいは「プログラミング的思考」の感得にある。ならば、すでに在来の教科等の中でもある程度培われているともいえる。典型は算数科の筆算の論理、アルゴリズムだろう。

図4－1は、基本となる二桁の引き算のフローチャートなんだけど、これを拡張することで、どんな多位数の計算も実行可能になる。そしてそこには、順次（上から下へと順番に処理を実行する）、分岐（条件を満たした場合に処理を実行する）、反復（条件を満たすまで処理を繰り返す）というプログラミングの三要素がすべて含まれている。子どもたちは算数の授業を通して、すでにプログラミング的思考を経験しているんだよ。

音楽の授業でも、四小節なり八小節のメロディーが、時に分岐しながら一定のパターンで順次・反復されることで楽曲が生み出されていることを、子どもたちは繰り返し経験している。この事実への気付きは、「プログラミング的思考」を大いに促進するだろう。もっとも、現状では繰り

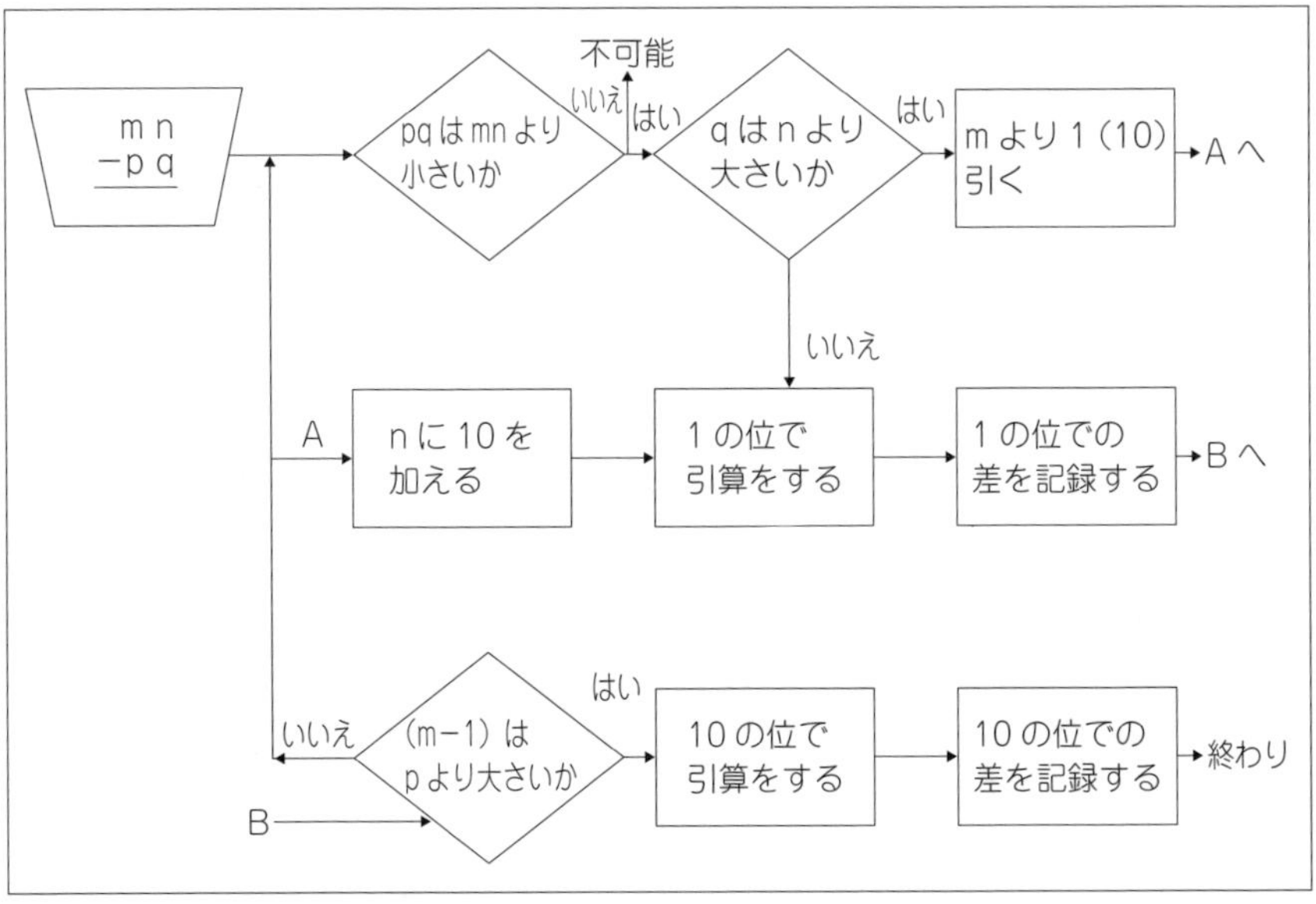

図4−1　二桁の引き算のフローチャート

返し経験してはいても、それを明晰には自覚できていない子どもが大半だろうから、2－7で紹介した明示的な指導により、これを整理・統合してやるといい。

このことに関して「議論の取りまとめ」は、「『プログラミング的思考』には、各教科等で育まれる論理的・創造的な思考力が大きく関係している。各教科等で育む思考力を基盤としながら『プログラミング的思考』が育まれ、『プログラミング的思考』の育成により各教科等における思考の論理性も明確となっていくという関係を考え、アナログ感覚を大事にしていくことの重要性等も踏まえながら、教育課程全体での位置付けを考えていく必要がある」としている。

このように、在来の教科等の学びとプログラミング教育の学びは互恵的な関係にある。また、各学校には、この考え方を踏まえて教育課程を編成・実施することが期待されている。小学校プログラミング教育の必修化に伴い、特に新教科を立ち上げるといったことがなされなかった理由も、この点にある。

コミュニケーションとは何かを考える

ここで、コーディングではなく「プログラミング的思考」の育成がねらいならば、必ずしもコンピュータを用いなくてもいいんじゃないか、との疑問が生じるのは自然なことだろう。実際、「アンプラグド」の考え方の下、コンピュータを使わずに紙と鉛筆で行うプログラミング教育も可能だし、時に効果的でもあるんだ。

さらには、先に例示した算数の筆算や音楽の楽曲構造のように、在来の教科等の中にも「プログラミング的思考」は随分と入り込んでいる。

と同時に、実際にコンピュータでプログラミングを行うことによってこそ感得できるものもある。はじめてプログラミングに挑んだ子どもたちは、よく「先生、今日はこいつ、機嫌が悪いみたい。昨日と同じようにプログラムしているのに、さっきから全然いうことをきかないんだ」などと言う。あるいは、「先生、さっきからコンピュータはずっと同じことを繰り返してくれていて、そろそろ疲れたんじゃないかなぁ。私が命令したんだけれど、何かかわいそうになってきたので、止めていいですか」という子もいた。

コンピュータには機嫌の良し悪しはないし、疲れも飽きもしない。プログラムした通りに、いつでも、またいつまでも動き続ける。そして、少しでもミスがあればまったく動かなかったり、意図したのとはすっかり異なる動作を平然と実行する。

それは、これまで子どもたちが経験してきた人間同士のコミュニケーションとはまったく異なるものだろう。このことに気付くのが、コンピュータとうまく付き合うための重要なポイントであり、「プログラミング的思考」の最初のヤマでもある。そしてそれには、実際にコンピュータと関わる経験が不可欠なんだ。

さらに、コンピュータはこちらの働きかけに対し即時に、また何度でも正確に応答してくれる。このコンピュータの「応答的」な特質は、子どもが自律的に学ぶ学習環境としては理想的といえる。紙と鉛筆では、施した修正が意図した結果をもたらすのかどうか、熟練した教師でも即座には判断しかねるし、繰り返される誤りや牛歩の歩みに、さすがにうんざりするだろう。

三つの言語を用いたコミュニケーション

ちなみに、コミュニケーションという視座から見ると、今後、小学校では日本語、英語、プログラミング言語という三つの言語を用いたコミュニケーションを学ぶことになる。多くの子どもにとって母語である日本語を用い、文化的背景が似た人たちと経験や感情、意見の交歓をする場合と、外国語である英語を足場に、文化的背景が異なる人たちと意思疎通を図ろうとする場合、さらに日本語や英語のような自然言語ではない、人工言語であるプログラミング言語を使ってコンピュータに指示を出す場合とでは、そこで展開されるコミュニケーションの様相や注意を要する点、趣やよさ、生じる経験なんかがすっかり異なってくるだろう。

この三つの違いをしっかりと感受し、さらに比較・統合できるよう、教科等横断的な視点からカリキュラム・マネジメントを工夫することで、子どもたちはコミュニケーションという営みとそれを媒介する言語という文化財に関する、多くの豊かな学びを実現していくに違いない。そこから翻って、日本語ならではの以心伝心のよさにあらためて感じ入り、いかにも英語的な言い回しや独自な発想の面白さに目を見張り、機械とのコミュニケーションに固有な、曖昧さが皆無であるという特質に気付く。

このような可能性のためにも、コンピュータという機械を相手にプログラミングというコミュニケーションを経験することには、大きな教育的意義がある。

知識観、学習観、マインドセットの更新

コンピュータを用いてプログラミングを経験することのさらなる意義は、子どもたちの知識観や学習観をより望ましいものへと更新することへの貢献だ。

子どもたちはさまざまな経験を足場に、知識観や学習観、つまり知識とは何か、学ぶとは何かに関する主観的な概念を形成してきている。従来型の教育は、知識は本の中にあり、学習とはそれを頭の中に正確にコピーすることだといった観念をもたらしがちだった。

これに対しプログラミングでは、不完全な状態から出発して、他人に教わったり助け合ったりしながら、少しずつ完成度を高めていけばよいという経験をする。これが、知識とはどこかに存在するのではなく、自分たちが力を合わせて生み出すものであり、しかも徐々に、またどこまでもよりよいものにしていくことができるという知識観をもたらす。

さらに、プログラミングでは繰り返し試行錯誤しながら作業を進め、その途上でスキルアップが図られていく。そこから、学ぶとは自ら目当てや問いや見通しを持ち、自分なりのやり方で対象に関わり、返ってくる反応を見ながら、概念を形成したり修正したりすることだと気付くだろう。しかも、努力は必ず何らかの成果をもたらすと実感し、失敗（意図したのとは異なる結果）さえも、次に何をすべきかを告げてくれる価値ある情報と見なせるようになっていく。こういった経験や気付きは、子どもたちの能力観、3－8で紹介したマインドセットを、固定的なものから成長的なものへと修正したり、さらによりよい方向へと導いてくれる。

これら、望ましい方向への知識観や学習観の更新は、「プログラミング的思考」の重要な要素の一つであると共に、マインドセットも含め、二〇一七年版学習指導要領がその形成を目指す「学びに向かう力、人間性等」の中核に位置するものでもあるんだ。そしてそれは、コンピュータを用いたプログラミングの経験を通して極めて自然に、また着実に育成することができる。

以上、ＡＩ時代だからこそ成し遂げうる教育の「人間化」という視点から、小学校プログラミング教育について考えてきた。用いるのは冷たい機械かもしれないけれど、達成される学びはホットで人間的なものなんだ。二〇一七年版学習指導要領が目指す学力論の拡張・刷新という意味からも、そこには大きな可能性があるといっていいだろう。是非、果敢に取り組んでほしい。

4-2　小学校の学びの何がどう問題なのか

学校段階間の連携・接続の重視

二〇一七年版学習指導要領では、幼児教育と小学校教育、小学校教育と中学校教育といった学校段階間における連携・接続をこれまで以上に大切にし、いっそう盤石でなめらかなものとすることが目指されている。

幼小の連携・接続については、幼児教育側のアプローチ・カリキュラム、小学校側のスタート・カリキュラムの開発なども含め、すでに多様な取組みが各地で精力的に進められてきている。

小中についても、義務教育学校の創設や小中一貫教育への挑戦など、地域の実情に応じたさまざまな取組みが展開されていて今後が楽しみなんだけど、ここでは一つの事例に即して、さらに子どもの学びや授業の具体に踏み込む形で、小中の連携・接続について考えてみたい。

なぜ、よりシンプルな式が立てられないのか

中学二年生数学科、連立方程式の授業。すでに基本的な内容の指導は終わっていて、その日は「連立方程式の利用」という、単元の終盤に近い授業だった。そこで出題されたのが、次のような問題なんだ。

問題A：あるパン屋で、1個70円のロールパンと1個120円のメロンパンをそれぞれいくつか買った。ロール

パンをメロンパンより2個多くなるように買ったところ、代金の合計は900円であった。このとき、ロールパンとメロンパンをそれぞれいくつ買ったかを求めなさい。

この問題に対し、子どもたちの多くが手も足も出ない。ロールパンをx個、メロンパンをy個と置いたところから一歩も進むことができない生徒が大多数だったんだ。ちなみに、子どもたちは前時までに、次のような問題は十分に解ける状態にはなっていた(もちろん、問題の題材はパンではないし数字も異なりはするんだけど、ここではわかりやすくするために改変した)。

問題B：あるパン屋で、1個70円のロールパンと1個120円のメロンパンを合わせて10個買ったところ、代金の合計は900円であった。このとき、ロールパンとメロンパンをそれぞれいくつ買ったかを求めなさい。

この問題なら、子どもは難なく、x＋y＝10、70x ＋ 120y ＝ 900と立式できる。ところが、先の問題になった途端にお手上げだったんだ。いや、より正確には、70x ＋ 120y ＝ 900という式だけは書けている子もいた。興味深いのは、むしろ立式結果としてはシンプルなもう一方の式、つまり、ロールパンとメロンパンの個数について、x＝y＋2でも、y＝x－2でも、x－y＝2でもいいから、そのいずれかの式表現によって、両者の数量関係を表すことができないことだった。

数量関係から見た足し算と引き算

この光景に、僕は大いにショックを受けた。なぜなら、これって中学校の指導内容じゃなくて、小学校の、それも一年生の指導内容に関わるつまずきじゃないか。つまり、次のような問題群と概念的には同型だと思うんだよ。

問題B2：かずやさんは、パン屋さんでロールパンを6個、メロンパンを4個買いました。あわせて何個のパンを買ったでしょう。

答えは　6＋4＝10　で、これは先の問題Bと同型といっていい。計算の意味としては、ロールパンとメロンパンの個数をそれぞれ「部分」と見た時に、両者をあわせた「全体」としてのパンの個数を求める足し算であり、数量関係把握としては、複数の「部分」を足したものが「全体」になるという理解が求められる。難なく方程式を立てられたことから、先の中学生はこのことはしっかりと理解できていたに違いない。

問題C：かずやさんは、パン屋さんでロールパンとメロンパンをあわせて10個買いました。ロールパンは6個でした。メロンパンは何個だったでしょう。

答えは　10－6＝4　で、これは上記の二問（問題A、問題B）とは別種の問題になる。「求補」とか「求部分」と呼ばれる引き算の一種で、「全体」から一方の「部分」を減じることで、残るもう一方の「部分」を求める計算だ。ただし、数量関係としては問題Bや問題B2と同じく、二つの「部分」を足したものが「全体」になるという関係にある。

問題A2：かずやさんは、パン屋さんでロールパンとメロンパンを買いました。ロールパンをメロンパンより2個多くなるように買ったところ、ロールパンは6個になりました。メロンパンは何個だったでしょう。

答えは　6－2＝4　になる。これはCと同じく引き算ではあるんだけれど、Cとは扱っている数量関係が違っている。二つの「部分」の間の差に着目し、その大きさを求める引き算であることから、「求差」と呼ばれる。

以上の足し算と引き算における数量関係は、図4－2のように表すことができる。

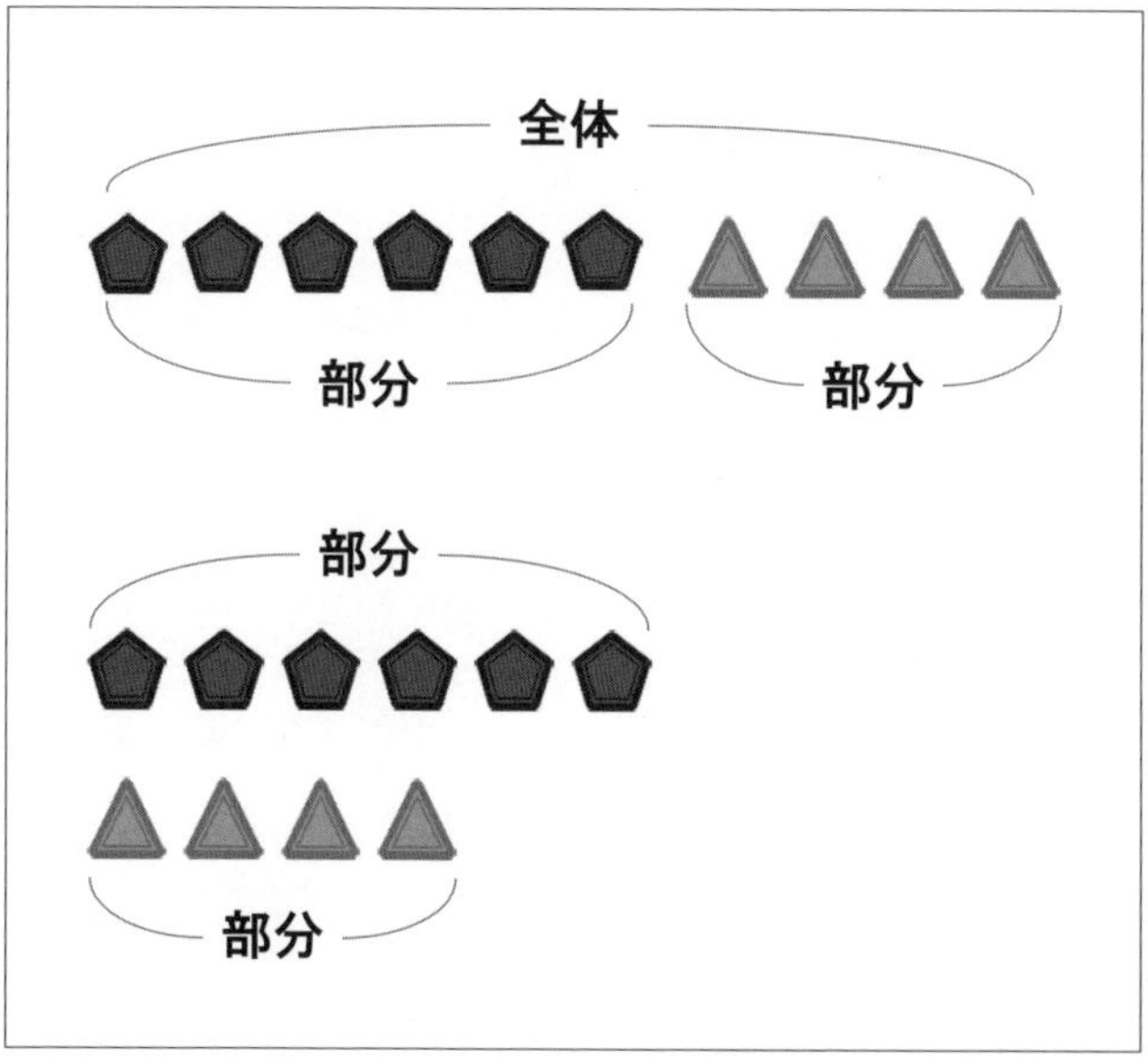

図4－2　足し算と引き算における数量関係

まず、足し算（問題B、問題B2）は、常に複数の「部分」をあわせたものが「全体」になるという数量関係、つまり図4－2の上段の数量関係を扱っている。

一方、引き算で扱う数量関係には二種類あって、その一つは、Cのように「全体」から一方の「部分」を減じることでもう一方の「部分」を求める「求補」だ。ちなみに、「残りはいくつ」を求める「求残」というのもあるんだけど、数量関係的には「求補」と同じになる。そして、それらにおける「部分」の間の数量関係は、複数の「部分」をあわせると「全体」になるという意味で、足し算の場合と同じと見ていいだろう。

つまり、足し算と「求残」「求補」の引き算は、図4－2の上段に示した同じ数量関係について、求めるものが違うだけなんだよ。「部分」がわかっていて「全体」を求める場合が足し算、「全体」と一方の「部分」がわかっていて、もう一方の「部分」を求めるのが引き算という関係になる。

他方、同じ引き算でも問題Aや問題A2のような「求差」の場合には、その数量関係は図4－2の下段に示したような形になる。ここでは「全体」という概念は登場せず、複数の「部分」の大きさを比較し、その差を求める。

概念的で統合的な理解

ごく当たり前のことを長々と述べてきた。僕がいいたいのは、問題Aや問題A2のような「求差」の場合にだけ、着目する数量関係が違うということなんだ。そして、中学で目撃したのは、まさにそうなった途端に方程式が立てられないという状況だった。ということは、彼らのつまずきは中学校の指導内容ではなく、小学校の、それも一年生の指導内容にかかわるんじゃないかってことになる。

問題Aの難しさは、代金を表す方程式である70x＋120y＝900が、図4－2の上段の数量関係に基づくのに対し、個数を表すx＝y＋2、y＝x－2、x－y＝2といった方程式の方は、下段の数量関係に基づく、つまり二つの方程式の間で、立脚する数量関係が異なる点にあると考えられる。なるほど、たしかにちょっと難しい。でも、この程度の難しさでこれだけ一気にできなくなるようでは困るなあ。いずれにせよ、中学生が問題Aに対して x＝y＋2、y＝x－2、x－y＝2 といった立式ができなかったのは、小学校一年生の指導内容が、深い意味理解を伴う統合化された概念的知識として彼らの中に学び取られていなかったことと関係がありそうなんだ。

よく中学校の先生たちは、小学校の指導内容が身に付いていないから、中学校の指導で苦労するという。数学に関わっては、「九九が怪しい」とか「通分が身に付いていない」といった苦言が呈され、それに対応すべく、ドリルや練習問題に力を入れる小学校も少なくない。

でも、本当に中学校が困っていること、そして小学校教育の問題点は、九九や通分といった要素的な知識・技能の習熟にではなく、概念的な知識や統合的な理解の欠如にこそあるんじゃないだろうか。

二〇一七年版学習指導要領では、「低学年教育」という言葉が新たに登場した。その趣旨や意味は多岐にわたるんだけど、各教科等の指導に際し、どこを起点に指導を開始し、どのような状態への到達を目指すのかに関する吟味や見直しは、その代表的なものだろう。

今回の事例に即していえば、数的操作としての足し算や引き算それ自体は、文脈や状況がその子に必然性があり、十分に把握できてさえいれば、四歳から五歳で実行可能であることを発達心理学は明らかにしてきた。

つまり、小学校一年生は、数的操作としての足し算なり引き算そのものをゼロから教えているのではなく、すでにそこそこ実行可能になっている足し算なり引き算について、その概念的な意味理解を明晰な自覚を伴うものとして形成し、さらに足し算と引き算のすべてを数量関係において統合的に把握できるようになることを目指すべきだと思うんだ。

「考えない」訓練としての習熟指導

A2、B2、Cのような問題を巡って、小学校ではかなりの時間をかけて丁寧に指導しているし、教わった直後はともかく学年が上がっていく中で、ほぼ間違いなく解けるようにもなる。その意味で、小学校の先生は責任は十分に果たしたといいたいだろう。

しかし、問題が解けることが、学習内容の十全な理解を保障するとは限らない。というのも、「なぜそうするのか」を深く概念的、あるいは統合的に理解していなくとも、「こういう場合にはこうすればいい」といった手続きを機械的に暗記し習熟するだけで、問題は結構解けてしまう。

多くの小学校の先生が、もちろん最初は数量関係や計算の意味なり仕組みを、しかも具体的な操作や現実の場面を織り交ぜながら丁寧に指導してはいる。

ところが、最後の最後では、「あわせていくつ」と書いてあれば足し算、「のこりはいくつ」「どちらがおおい（すくない）」と言われれば引き算といった具合に、まったくの機械的な暗記でまとめてしまうから、子どもたちは一目散に「あわせて」「のこりは」といったキーフレーズを探そうとするようになってしまう。そして、そのいずれかが見つかれば、後は何も考えず「自動的」に「条件付けられた」計算手続きを実行する。

問題は、そこにおいて子どもたちが先に長々と述べてきたような数量関係把握を、およそ自覚的には実行していないことなんだ。すると、小学校で出合う問題は具体的な数が出ているから、まあ問題なく解けるんだけど、中学生になって表し方が未知数になり方程式になるだけで、もうお手上げになってしまう。それ以前に、問題の中に不要な数字がたくさん紛れ込んでいるB問題でも、信じられないような奇抜な間違い方を連発する。

とりわけ深刻なのは、「求残」と「求差」ではまったく数量関係が異なるにもかかわらず、「のこりは」「どちらがおおい」のいずれかであれば引き算だと理解してしまっているような子どもの存在だろう。

「自動的」とか「条件付けられた」というのは、「考えない」ことを意味する。それは行動主義心理学におけるパブロフの犬やスキナーのネズミのようなもので、特定の条件刺激に対し、理解や把握といったプロセスを一切介することなく「自動的に」「条件付けられた」反応を行うよう訓練することにほかならない。

つまり、多くの先生が日常的に用いているドリルによる「習熟」というのは、一面において「考えない」訓練であり、理解や把握から遠ざかることを子どもたちに勧めていることになる。先生たちにそんなつもりは毛頭ないだろうけれど、結果的にそうなってしまっていることに、そろそろ気付くべきだろう。そしてそのことが、意外にも中学でのつまずきの原因になっているというのが、今回の事例が意味することなんじゃないかなあ。

もちろん、いちいち考えない「自動化」も時には必要だ。6とくれば4といった10の補数や掛け算九九では、数字が自動的に頭に浮かぶ必要がある。なぜなら、人間が思考や学習に使えるメンタル・リソース、つまり一度に頭の中で処理できる情報の容量には限りがあるから、10の補数や掛け算九九が自動化できていないと、それらを活用してもっと難しい、あるいは数学的に意味のあることに思いを巡らせることができない。

でも、「自動化」は「理解」や「納得」を前提として行われる必要がある。意味として「理解」している、今回の例でいえば、足し算と引き算が扱っている数量関係把握を、個々バラバラではなく統合的に「理解」できており、必要があれば、いつでも適切に数量関係把握が実行できる状態、それこそが「深い学び」なんだけど、その水準にまで達していれば、「自動化」やそのための「習熟」もまた、決してわるいことばかりじゃない。

しかし、それを欠いたまま「習熟」を推し進めるのは、まさにパブロフの犬やスキナーのネズミそのもので、およそ「活用」の効かない「浅い」学びのままに子どもたちを放置し、それ以上は「考えない」状態をむしろ「強化」することを意味する。

「全体」と「部分」

では、どうすればいいのか。算数教育ではすでに膨大な議論がなされているに違いないんだけど、ここでは教育心理学者としての僕なりの考えを述べてみたい。

まず、無茶だという人が続出するのを覚悟の上で、「あわせて」や「のこりは」という言葉への着目を指導上の「封じ手」にしてはどうか。なぜなら、これを指導する限り、多様な学びのすべてがこの一点に回収されてしまい、それ以前に長い時間をかけて指導してきたはずの数量関係への意識など、見事なまでに吹き飛んでしまう。

あるいは、これを「封じ手」にすることで、先生たちは「じゃあ、どうやって指導しよう」と悩み始め、するとどうしたって先に挙げたような数量関係把握の指導に意識を向かわせざるを得なくなる。

要するに「数量関係を的確に把握しなければ問題は解けない」という状況を、低学年算数の基本にしたい。いや、そもそもこれは当然のことなんだよ。むしろ、「あわせて」「のこりは」方式によってそうなっていない現状にこそ、原理的に深刻な問題がある。

「あわせて」「のこりは」に取って代わる道具立てとしては、たとえば、図4－2にも示した「全体」と「部分」といった表現を使ってはどうだろう。言葉的に一年生には難しいような気もするけれど、「全体」と「部分」という集合論的な関係に関する見方それ自体は、すでに生活や遊びの中で獲得しているようにも思う。ならば、それに名前を付けることで、2－7で述べた明示的な指導でいう自覚化、道具化を促し、学習や思考における汎用的な「お道具」にすればいい。

具体的には、「一組さん全員」と「男の子」「女の子」（LGBTというセンティブな問題に細心の注意を払うことはいうまでもない）あたりから入って、それが「全体」と「部分」の関係になっていることを押さえ、他にも同様の関係がないか、身のまわりの物事について考えを巡らせることで概念を形成するなり自覚化を促していくといった具合だ。

その上で、足し算と引き算に関する個々の指導は、もちろん別の時間に別の問題を通して行うんだけど、これも明示的な指導のところで書いたように、少し先でいいから、それらを整理・比較・統合する機会をしっかりとカリキュラム上に位置付けたい。

図４－２のような表現でもって、足し算と引き算が、時に同じ数量関係に対して求めるものが異なるだけであること、そして引き算には二種類の数量関係があることを、あらためて明示的に指導し、統合的な理解を促したい。たとえば、同じロールパン６個とメロンパン４個でも、６＋４＝10、10－６＝４、10－４＝６、６－４＝２　の四つの式表現が可能であることを、図４－２のような表現と共にしっかりと確認するんだよ。

線分図の指導をより実質化したい

より重要なのは実はその先、中学年での指導だ。先のような指導を通して、「あわせて」「のこりは」式に機械的に演算決定をするのではなく、常に数量関係を把握してから計算に移る習慣というか「見方・考え方」を身体に馴染ませていれば、テープ図や線分図を書くことの意味やよさを、子どもたちは無理なく理解するだろう。

というのも、現状では子どもたちは、テープ図なり線分図をあまりありがたがっているように、僕には思えないからなんだ。問題を見るなり、子どもたちは「あわせて」「のこりは」方式で立式し、計算して答えを出そうとする。中学年になると、先生は「式で考えてもいいし、図に書いて考えてもいいですよ」と言うんだけど、多くの子どもたちは面倒な図を書こうとはせず、可能な限りいきなり式を立てようとする。

図の指導もしないといけないと考える先生は、「式で解いた人も、図を書いてみましょう」などと言いはするけれど、それでは、すでに式で解けているものを「図に書く」学習にしかならない。つまり「図の書き方」という、やはり単なる手続きの指導に終始してしまい、その数量関係把握上の意味やよさにまで、子どもの意識が十分に届かないんだ。それどころか、中には「図の書き方」が主な指導内容だと誤認している先生もいたりする。

そもそも、「式で考えてもいいし、図に書いて考えてもいいですよ」という指導自体に問題があるんじゃないかとすら、僕は思う。「まずは図を書いて考えましょう。図が書けたら（正確には、図が書けて、問題に出てくる数や量の関係がわかったら）、式を立てましょう」という指導を徹底するのが、長期的には得策なんじゃないかなあ。

いずれにせよ、低学年から中学年にかけて、図的表現に基づく数量関係把握を中心的な指導内容にしておけば、子どもたちは、まずはこの何とも便利なテープ図なり線分図を書き、数量関係を的確に把握した上で、立式へと進もうとするだろう。

そして、中学年段階で線分図を自在に書きこなし、数量関係を把握する能力と習慣が身に付いていれば、高学年の算数でつまずかない。割合や速度や単位量あたりの大きさといった、いずれも二量の相対的な関係の把握を要請する高学年の学習内容に対して、子どもたちは二本の線分図を相互の関係に留意しながら巧みに書くなどして、その数理的な意味を無理なく理解できるに違いないって僕は思うんだ。

4

3　カリキュラム・マネジメントと教科等横断的な資質・能力の育成

教育課程編成の現状と本来の姿

このところ、カリキュラム・マネジメントが話題になっている。それ自体は望ましいことなんだけど、そもそものカリキュラム開発、つまり学校における教育課程編成とは何か、現状において十全に進められているかと問われると、心許ないことも少なくない。そこで、まずは教育課程編成とは何かというあたりから、あらためて確認していきたい。

教育課程を編成するとは、子どもたちをどのように育てるか（目標論）、そのためにいつ、何を教えるか（内容論）、さらに、それらをどのような方法で指導するか（方法論）、そのすべてを学校が責任を持って、自律的、創造的に意思決定し、あるいは開発することを本来的には意味している。

そこでは、教材の選択や単元の開発などの教育方法的、技術論的な意思決定だけじゃなく、教育の目標や内容といった深く価値に関わる判断もまた、学校と教師の職分と見なされる。教師はすでに存在するプログラムのオペレーターでもなければ教えることの職人でもなく、子どもの教育のデザイナーでありコーディネーターなんだよ。

子どもたちと日々向かい合う教師が、彼らが暮らす地域に存立する学校という空間の中で、保護者や地域社会と連携しながら、子どもの発達権・学習権を保障すべく教育内容の計画に全面的な権利と責任を有するのは当然のことだろう。また、文字通りの「現場」において子どもの発達に直接的な責任を負う教師には、このような意思決定や作業を自律的、創造的に行う権利が与えられるとともに、それを実現する力量が求められてしかるべきだともいえる。

実際、戦後から一九五八年までの間は、学校と教師に教育内容の計画に関する十分な権限が与えられていた。ところが、一九五八年に学習指導要領が法的拘束力を持つようになって以降、教育の目標及び内容は国が事細かに定めるところとなり、学校及び教師の裁量範囲は、指し示された内容をどのような方法で指導するかという教育方法上の工夫に制限され、学校における教育課程編成は著しく矮小化された。それ以降、この国において学校の教育課程編成とは、学習指導要領に示された内容の方法的組織化のみを意味するところとなり、今日に至っている。

学校と教師に望まれるもの

しかし、教育課程編成の本来的な考え方に立つならば、このような状況にあるとはいえ、いやこのような状況にあるからこそ、上意下達的に教育課程編成の作業を進めるべきじゃない。具体的には、現状においても少なくとも次の二点において、自律的で創造的であることが望まれる。

第一に、学習指導要領を主体化し、自分のものとすべく内容研究（教材研究ではなくて）を深めたい。学習指導要領それ自体は国が定めたものではあるけれど、子どもにしてみれば、その内容との出合いは教師がもたらすものであり、当の子どもに対する誠実さを担保するためにも、教師としては、自分がその内容を教えることに関して、その必然性なり意義について十分な納得がいくまで自問し、あるいは内容に関する研究を行うことが重要なんだ。

分数とはいかなる数理であり、それを知り、自在に操作できることは子どもの生活の拡充にどのような意味があるのか。日本と世界の歴史において太平洋戦争とはどのような出来事であり、それは子どもたちが生きている現在にどのような影響を及ぼし、また彼らが未来を切り開く上でどのような課題と教訓を与えるものなのか。このような問いを自ら発し、必要に応じて専門的な探究を深めることが望まれる。

その結果、その内容を子どもが身に付けることが本当によいことであり、自分としても子どもと一緒にその内容を学び深めたいと心の底から思えるようになったなら、その内容と教師自身、そして子どもとの関係は決して上意下達的なものではなくなっているに違いない。また、そのような状態に至ることができた時点で、教材の選択や単元の構成といった教育方法上の具体についても、すでにかなり明快になっているだろう。仮に判断を求められる場面に出合っても、方針は明確であり、迷うことはないはずだ。

内容研究には多くの時間と労力を要するんだけど、徹底することで授業を自分のものとして計画・実施することができるから、大局的に見れば、むしろ効率的な作業なんだって考えてほしい。

第二に、その内容の教育課程全体における位置付けをしっかりと確認したい。個々の教師は特定の教科等なり学年の指導でのみ、その子どもと関わるかもしれないけれど、子どもからすれば、教育課程の全領域を受け止めて学び成長するわけだし、前学年や次学年との連続性の中でその学年の学習経験は意味を生じる。したがって、個々の内容を孤立的に見るんじゃなくて、その内容が当該の教科等における学年間の縦の系統の中でどんな位置付けにあり、また当該の学年におけるすべての教科等相互の横のつながりの中でどんな関連を持っているか、教育課程の構造に着目した把握が重要になってくる。

実際、高学年の説明文読解のポイントを把握するには、中学年までにどのような指導事項が段階的に配列されているかを知る必要がある。また、五年生の理科では生命の発生について学ぶんだけど、その一方で体育でも性や身体について学びを深める。このように、その内容の位置付けを縦の系統性と横の関連性で把握することにより、教える意義や配慮すべき事項、さまざまな工夫の着想が生まれてくるだろう。

なお、縦の系統は上学年から下学年を見る、つまり既習事項の確認だけでなく、今から指導する内容が、今後、系統の上の段階でどのように発展し、あるいは統合されていくのか、つまり下学年から上学年や、さらに上級学校までをも見通した検討が望まれる。従来、この視点は弱かったんだけど、それが小学校低学年における指導の大きな問題であり、抜本的な改善を要するとの認識を、二〇一七年版学習指導要領が「低学年教育」という言葉で表現しているのは、学習指導要領を丁寧に読み込んだ人なら、すでに了解済みだろう。

実際、4－2でも見たように、小学校低学年での学び深めの甘さが、中学校あたりで大きな問題となって顕在化していることは結構ある。なんとか中学に送り出したからそれでよしと考えるんじゃなくて、義務教育の九年間全体を見通し、その最終段階における子どもの望ましい育ちの姿をイメージする中で、今自分はどんな指導をすべきなのかを考えられるようになったとしたら、それはとてもステキなことだし、子どもたちに対してしっかりと責任を負っていると、胸を張っていえるんじゃないかなあ。

カリキュラム・マネジメントの三側面

以上の基本を踏まえた上で、さらに各学校ならではの創意工夫に富んだカリキュラムの創造と運用へと赴くのが、カリキュラム・マネジメントなんだ。

二〇一七年版学習指導要領では、総則の第一の四に明記されている。具体的には、①教育の目的や目標の実現に必要な教育の内容等を教科等横断的な視点で組み立てていくこと、②教育課程の実施状況を評価してその改善を図っていくこと、③教育課程の実施に必要な人的又は物的な体制を確保するとともにその改善を図っていくこと、の三側面からなると理解することができる。

このうち、②と③は従来からも再三指摘のあった事柄で、すでに先進校を中心に実践的な取組みも進められているだろう。一方、①は前回、二〇〇八年改訂における「言語活動の充実」を端緒として、その後、鋭意検討が進められてきたもので、いわば新たに提唱されたものといえる。そこで、以下ではこのことを中心に考えてみたい。

教科等横断的な資質・能力の育成

近年、カリキュラム・マネジメントへの注目が集まる中で、年間指導計画の表の中に、相互に関連した指導を行うことを明記する趣旨から、異なる教科等の単元間を矢印や線で結ぶ取組みが盛んに行われるようになってきた。

それ自体はもちろん望ましい。でも、いかにも斬新な取組みであるかのように、また、これこそが二〇一七年版学習指導要領で提唱されたカリキュラム・マネジメントの本質であるかのように喧伝するのは、ちょっとどうかと思うんだ。

なぜなら、多くは教科等の枠を越えて単元を構成したり内容相互の関連を図る指導の工夫、つまり合科的・関連的な指導の域を出ていない。いうまでもなく、合科的・関連的な指導は、従来から小学校では総則に明記され、推奨されてきた。したがって、いわばすでに行っているべき取組みに、ようやく着手しただけのことに過ぎないからなんだ。

二〇一七年版学習指導要領の総則の第二の二でいう「教科等横断的な視点に立った資質・能力の育成」、具体的には「言語能力、情報活用能力（情報モラルを含む）、問題発見・解決能力等の学習の基盤となる資質・能力」と「豊かな人生の実現や災害等を乗り越えて次代の社会を形成することに向けた現代的な諸課題に対応して求められる資質・能力」を教科等横断的な視点で育成できるよう教育課程編成を工夫するというのは、もう一歩先のことまで含めてイメージしていると、僕は理解している。

たとえば、言語能力の一つである「話し合う力」の育成に取り組んでいる学校は少なくない。でも、国語科の指導だけで、あるいはさまざまな教科等で話し合う活動や場面の量を増やすだけで達成できるものではないだろう。

というのも、一口に「話し合う」といっても実際には多様な話し合いがあり、それらをしっかりと身に付け、状況に応じて適切なものを自在に繰り出せる必要があるからなんだ。

もっとも、まったくの一から始める必要はない。なぜって、すでに各教科等では、それぞれの特質に応じた多様な話し合い活動が展開されているじゃないか。

たとえば、理科での話し合いでは、いずれの推論がより妥当性が高いかをはっきりとさせることを目指し、厳密に定義された言葉を携え、高い批判精神を持って冷静沈着に進められることが期待されている。一方、社会科でも同様の話し合いはなされるんだけど、さらに相手の立場を共感的に理解することに重点を置いた話し合いや、お互いにとって納得のいく妥協点を見出そうとする話し合いもしばしば行われる。図工科の鑑賞では、いずれが真であるか決着をつけるといった話し合いはほぼなされず、同じ一枚の絵に対し、思いもよらなかった感じ方やその表し方をしている友の背中に回って、彼が見ている世界を自分も見たいと願っての言葉の交歓になるんじゃないかなあ。当然、そこでは理科のような厳密に定義された言葉ではなく、メタファーやアナロジー、さらにはその場で独自に生み出した言葉なんかも駆使しての話し合いになる。

ならば、これらの経験を子どもたちが明晰に自覚し、教科等横断的に整理・比較・統合する機会を教育課程の中に設けてはどうだろう。子どもたちは、なぜこの教科等ではこのような話し合いをするのか、そこでの目的や構え、暗黙のルールや用いる言語の特質はどのようなものであり、なぜそれが有効なのかを考えていく。

そして、どのような場合にはどのような話し合いが、なぜ効果的であるのかを俯瞰的・統合的に理解し、また個々の話し合いの仕方を身に付けて自在に繰り出せるようになった時、それが「話し合う力」という教科等横断的で汎用的な資質・能力が身に付いた状態なんだよ。

具体的な教育課程編成としては、２－７で紹介した明示的な指導の発想に基づき、すでに得ている経験を整理・比較・統合する場面を設けるだけで十分かもしれない。あるいは、一定の時期に複数の教科等で、その教科等ならではの話し合いを要する学習活動を十分な時数を充当して展開する。そして、まずは教科等ごとに、その教科等ならではの話し合いの様相について、以前の経験なんかも想起させながら自覚的で分析的な学習を行う。その上で、さらにそれらの経験を教科等横断的に整理・比較・統合する場面を設定する、といったアプローチも考えられる。たとえば、子どもたちが話し合いとは何かについてグループに分かれて俯瞰的な見取り図を描き、相互に報告して吟味しあうといった活動を展開してもいい。

教科等横断的な資質・能力の育成とは、単に教科等をつなぐ、関わらせるといったスケールを越えて、まさにカリキュラム全体で子どもたちに何を育成するのかを構想することなんだ。そしてそれは、前半で述べた、教育課程編成の本来の姿をしっかりと踏まえてこそ実現可能となる。

カリキュラム・マネジメントを推進するためにこそ、そもそもカリキュラムってなんなのか、このことを基礎から着実に勉強する必要が、少なくとも管理職や指導主事にはあるし、もちろん担任の先生だって、勉強すればするほど、それを活かして日々の仕事の質を向上させることができる。そして、少々厳しい物言いになるんだけど、現状では本当に一部の熱心な人たちを除けば、役職や年齢を問わず、あまりにも勉強が足りていない。

すると、各学校における教育課程の裁量権の大幅な拡大、それこそがカリキュラム・マネジメントがもたらしたものなんだけど、その価値や可能性を存分に活かせないことにもなりかねない。これは実にもったいないことだし、子どもたちに対しても申し訳がないことだろう。だから、何かと忙しいし大変だとは思うんだけど、気持ちを引き締めて、あらためてカリキュラムについての勉強に取り組んでほしいって、僕は思うんだ。

4—4 カリキュラム・オーバーロード

カリキュラムが溢れている

二〇一七年版学習指導要領では、コンピテンシー・ベイスの考え方を採用して学力論の大幅な拡張が行われた。また、さらなるグローバル化の進展を受けて小学校では英語が教科化され、あるいは第四次産業革命の進行に伴いプログラミング教育の必修化が図られてもいる。その一方で、在来の教科等については、時数においても指導事項の量においてもほぼ従来からの水準を堅持し、その変化は最小限に留められた。

これは、PISAやTIMMSのような国際的な学力調査、全国学力・学習状況調査をはじめとする国内の学力調査の結果がいずれも概して堅調なこと、つまり、現状において教科等の指導がそこそこうまくいっていると判断できるからなんだ。うまくいっているものは変える必要がないというか、下手に変えるとかえって危険だから、この判断は極めて妥当なものといっていいだろう。

しかし、学力論を大幅に拡張し、さらにいくつかのコンテンツを追加したにもかかわらず、指導事項は減らさないし、時数も増えないとなれば、どうしたってカリキュラムは過密というか過積載になってしまう。二〇一七年版の学習指導要領改訂は画期的な部分も多いんだけど、これは積み残された課題の最たるものであり、次の改訂に向けてしっかりと腰を据えて取り組むべき事項の筆頭に挙げるべきものだろう。

そこで未来への備えとして、このことについて僕なりに原理的に考えてみようと思う。というのも、カリキュラムに盛られる内容が実施可能な物理的限界を超えて過積載となっている状況、これをカリキュラム・オーバーロードというんだけど、これは何も二〇一七年版学習指導要領に限った特殊的問題ではなく、現在、世界の至るところで、それどころかずっと以前から起きている、カリキュラムに関わる原理的な問題なんだよ。

そもそも、カリキュラムには一日、一週間、一年間に実施可能な授業時数、あるいは学校段階やそれぞれの学年の数等により、おのずから量的な限界がある。一方、子どもの将来を心配し、また期待する気持ちから、あるいはさまざまな立場の大人や社会の思惑から、さらに時代が進み社会が変化するに連れ、教えるべきこと、教えたいと願うことはどんどんと増えていく。つまり、カリキュラムは常に増大する傾向にあるんだ。

では、限られた枠組みの中で何を教えるのか。その選択なり優先順位の決定を巡って、どんなことが起きているのか。これがカリキュラム・オーバーロードの発生メカニズムに関わってくるんだけど、まずは一九三九年にアメリカの教育学者ペディウェルが『セイバートゥース・カリキュラム』、つまり『牙トラのカリキュラム』という本の中で描いた寓話を通して、このことを考えてみたい。

ちなみに、一九三九年というと昭和一四年だから、カリキュラム・オーバーロードがいかに時空を超えた、教育を巡る普遍的な問題であるかということだろう。しかも、『セイバートゥース・カリキュラム』は今現在も出版されていて、みなさんも洋書を取り扱っている通販サイトで簡単に手に入れることができる」。

まあ、ルソーやデューイの本だって同様に手に入れることができるから、そのこと自体は驚くようなことではないんだけど、カリキュラム・オーバーロードを主題とした八〇年も前の本が今でも出版されているという事実は、アメリカをはじめとした海外におけるこの問題に対する関心の高さを雄弁に物語っているように、僕には思えるんだ。実際、この本を紹介してくれた浅沼茂先生によると、アメリカではかなりポピュラーな本で、教育学部あたりではごく普通に学生たちが読んでいるらしい。そんなわけで、是非この国の教育関係者にも同様に関心を持ったり考えたりしてほしいって、僕は思う。

旧石器時代のカリキュラム

時代は旧石器時代、洞窟に住む人々の集落があった。大人たちは、子どもたちがしっかりと生きていくために、どのような知識や技能を教えるべきか、議論していた。

ある人が提案する。川岸に流れをせき止めたプールを作れば、小さい子どもでも川に流されず、魚を捕まえる訓練ができるのではないか。こうして、素手で魚を捕まえることが、子どもたちの第一のカリキュラムとなった。

川には水を飲みに馬が来る。これを捕まえ、棒を使って飼い慣らす訓練をしてはどうか。提案を受けて、これが第二のカリキュラムとなった。

当時の人々にとって最大の脅威は巨大な牙をもったトラであり、どう猛なトラをどう追い払うかが大きな悩みだった。ある時、一人の大人が、洞窟の前でたき火にくべた一本の棒を火をつけたまま振り回すとよいということを発見した。途端に、この火のついた棒でトラを追い払うという訓練が、子どもたちの第三のカリキュラムとなった。

これらのカリキュラムは、生活実践そのものではなく、一種のシミュレーションである。実際に巨大なトラとの戦いに、子どもを向かわせることはできない。そこで、実生活をシミュレーション化した学習が、カリキュラムとして子どもに提供される。それは、極めて実用的なカリキュラムであった。

このような教育が功を奏して、村の人々は以前のように飢えることもなく、また安全も保たれるようになった。

しかし、順調な生活は永久には続かない。地球に氷河期がやってきたのである。川の水は少なくなり、濁ってしまい、素手で魚を捕まえるのは困難になった。寒さのため、飼いならすべき馬もいなくなった。トラも環境に適応できず消えたが、代わりに寒さに強いホッキョクグマが南下してきて、新たな脅威となっていた。

村人は困り果てた。寒さで食べ物もないし、ホッキョクグマは火を怖がらない。せっかくのカリキュラムは、まったくの役立たずになってしまった。

ある時、知恵の回る子が岸辺に垂れ下がる細い丈夫な蔓を見つけた。それを結んで遊んでいるうちに、蔓を編んで魚を捕る網を作ることを思い立った。また別の子は、かつて馬がいた森に羊がいるのを見て、蔓で羊の罠を作ることを思いつく。この羊の肉と毛皮により、村人は飢えと寒さから解放された。ホッキョクグマに対しては、落とし穴を作り、そこに誘い込むという方法が考案された。かくして、新たな脅威も克服されたのである。

これらの工夫により、村は再び活気を取り戻した。大人たちは、新たに生み出された革新的な知識や技能を子どもたちに伝える、新たなカリキュラムが必要ではないかと議論し始めた。魚の網を作ること、羊の罠を作ること、クマを退治する方法が時代のニーズに応える知識であり、技能である。

しかし、村の長老たちは顔をしかめる。そして、「それは本物の教育ではない。ただの技術の訓練ではないか」と批判するのである。

「すでにカリキュラムは、川魚の手づかみと棒による馬追いとトラ退治の活動をこなすので精一杯であり、新たな内容など、どこにも入る余地はない。そもそも、網を編んだり、羊の罠を作ったり、クマ用の落とし穴を作るといった流行りの技を磨くことなど、本当のカリキュラムではない。そんなものよりも、今の子どもには、『基礎基本』が大切だ。今の若者は、素手で魚を捕まえたり、棒で馬を操作したり、たいまつに火をつけることすら、ろくにできない。だいたい教師でさえ、できないやつがいるとは、けしからん」

議論は白熱する。

「今の時代に、素手で魚を捕るなんて時代遅れだし、馬やトラなどすでにどこにもいないのに、どうやってその知識や技術を使うというのか」

長老たちの反論も、なおいっそうの熱を帯びてくる。

「魚を素手で捕る技術の学習は、単なる技能ではない。それは子どもたちに『一般的な機敏さ』を育む。同様に、馬を棒で追うことは『一般的な強靭さ』を育てるし、トラを追い払うたいまつの訓練は、トラを追い払うことが目的ではなく、生活全般に役立つ『一般的な勇気』を養っているのだ」

長老たちは、時代の流行り廃りに左右されない、空高くそびえる山の頂きのごとき普遍的なカリキュラムこそが重要なのだと主張するのである。

形式陶冶と実質陶冶

特定の内容をカリキュラムに組み入れ、子どもに教えるのは、旧石器時代の大人たちもまたそうであったように、第一義的には、教えた知識や技能それ自体がその領域の学習や問題解決に直接的、特殊的な効果や実用性を持つからだろう。この考え方を実質陶冶と呼ぶことは、すでに1－5でも述べた。

と同時に、長老たちがそうであったように、人々は特定の領域の知識や技能の指導を通して、その領域に留まらない、より一般的な能力の育成をも期待している。たとえば、数学は子どもに帰納や演繹といった形式的な思考操作を要求し、そこで培われた思考力は図形や数量はもとより、生活全般に役立つ思考力、さらには一般的な頭の良さをもたらすと信じられてきた。このような、領域固有な知識や技能それ自体は仮に実用性が低くとも、その学習を通して思考力や創造性など汎用性のある資質・能力が鍛えられ、ひいては当初の狭い領域を超えて幅広い分野の学習や問題解決の質を高めるという考え方を形式陶冶と呼ぶことも、1－5で見た通りだ。

実質陶冶と形式陶冶は学習の意義や効用に関する二つの立場であり、カリキュラムや授業の在り方を巡って時に鋭く対立し、論争を繰り返してきた。実質陶冶と形式陶冶の考え方を踏まえる時、先の物語は、次の二つのことを示唆しているように思われる。

① 多くの場合、新たな教育内容のカリキュラムへの組み入れや取り扱いの強化は、その内容自体に関する実用上の要求（実質陶冶）から生じる。

② 教育内容の実用性が時代や社会の変化等により失われたり低下しても、なおその内容を引き続きカリキュラム内に留める論拠として、より一般的な能力の涵養や教養的意義（形式陶冶）が主張されることが多い。

これこそが、カリキュラム・オーバーロードが生じる最大のメカニズムなんだ。実際、先の物語に登場する動物や人々の対応、開発された知識や技能と、その子どもの教育へのカリキュラム化は、現代のカリキュラムになぞらえても、そのままなるほどと思える事例がたくさんある。

たとえば、かつての日本では漢文に関する知識・技能は、すべての学問、またすべての高度な職業における必須の学力だった。つまり、漢文は極めて実用性が高かったんだよ。そして、すでに実用的な価値の多くが失われた漢文を引き続き学ぶ根拠として挙げられるのは、漢文が我が国の古典、さらには現代の国語やそれを用いて生み出されたすべての言語文化の理解に資するというものだろう。

なるほどと頭では納得するものの、あまりに距離がありすぎはしないか。実際、漢文を学ぶ意義をどうやって生徒たちに納得させるかに頭を悩ませている高校の国語教師は、決して少数派ではない。すでにお気付きの通り、漢文を巡るこれらの動きは、1-5で見た、ヨーロッパにおけるラテン語に関する動向とすっかり同型なんだ。

あるいは、ソロバンの腕前も、かつてはより有利な奉公先に上がる際の決定打となる、競争的で実用的な学力だった。しかし、携帯電話の標準機能として電卓が安価で身近にある今日、ソロバンを学ぶ意義をどこに求めるのか。暗算の能力、あるいはそれをも超えた発想力、記憶力、集中力等が高まるといった主張もあるし、ある程度はそういうことも起こるのかもしれない。

しかし、それらの形式陶冶的な成果を、果たしてソロバンだけが圧倒的有利さをもって実現しうるのか。もし、そうでないとすれば、特にソロバンである必要はないはずなんだけど、それでもソロバンを強力に推す人たちは、本音のところではどう考えているんだろう。結局のところ、ソロバンを教えたい、残したいという大人の都合が、子どもの学びに先んじて存在するんじゃないんだろうか。

それどころか、ソロバンはいったん5で繰り上がり、それを二回繰り返して10に繰り上がる2・5進法を用いているから、10進法の筆算とは計算手続きに若干の違いがあり、ソロバンでは正解できるのに筆算では誤りを繰り返す子どもの存在することが知られている。しかも、子どもはソロバンの知識を使って筆算の誤りを修正することができない。その理由として、ソロバンの学習が単なる機械的手続きの習熟に終止しており、なぜそうするのかの意味理解が十分ではないことが指摘されてきた。すると、筆算にすら転移しない学力が、さまざまな形式陶冶的学力をもたらすと考えるのは、少々楽観的に過ぎるんじゃないかって、僕は思う。

［注］

Peddiwell, J. Abner. *The Saber-Tooth Curriculum.* New York: McGraw-Hill Book Co. 1939

同書は二〇〇四年に 65th-anniversary edition が出版されており、二〇一九年現在でも入手可能

4 | 5 一〇か月にわたって教科等別の部会が立ち上げられなかった理由

教科等の前に教育課程があり、さらにその前に子どもがいる

前節では、今から八〇年も前の一九三九年にペディウェルが書いた寓話を手がかりに、カリキュラム・オーバーロードが生じるメカニズムと、その現代日本における現われのいくつかを見てきた。

カリキュラム・オーバーロードについては、知識が爆発的に増大している現代社会だからこそ生じる問題のように考える人も少なくないんだけど、八〇年も前にすでに問題視されていて、さらにそのメカニズムまで解明されていたことに、驚いた人もいるんじゃないかなあ。しかも、原理的にはいたってシンプルで、子どものためを思えば何をどうすべきかに関しても、火を見るよりも明らかといっていいだろう。

でも、なかなかに難しいなあ。すでにカリキュラム上に既得権を得ている領域やコンテンツについて、こういうわけで不合理だから、すぐさまそれを縮小するとか停止するという意思決定が社会的に可能かというと、そうそう簡単にはいかないというのは、これを書いている僕にだって痛いほどわかる。

要するに、カリキュラムに何を盛るか、あるいは何にどのくらいの時数を配当するかといった問題は、合理性や科学的な論拠だけで決する問題じゃないんだよ。実際､主に社会学や政治学を背景に持つカリキュラム学者たちは、これをカリキュラム・ポリティクス、つまりカリキュラムの政治性を巡る問題として議論してきた。

僕自身は心理学の出身だから、教育内容の選択のような価値にまつわる問題についても、価値それ自体を直截に

議論するんじゃなくて、可能な限り子どもの学習や知識に関する科学的な研究の成果に基づいて議論したいと思うし、この本ではこの姿勢というかモチーフをそれなりに貫いてきたつもりでもいる。ただ、当然のことながら、それには限界があるってことなんだ。

では、どうすべきだと考えているかというと、教育や学習一般に関する専門家である僕たちのような教育学者や心理学者はもとより、カリキュラムを構成している特定の内容領域、つまり各教科等の内容やその教育を専門とする人たちもまた、自分の教科等の重要さや大切さ、有用さを主張するその前に教育課程全体で、つまりトータルとしてのカリキュラムによって、この国の子どもたちにどのような教育を施し、どのように育て上げていくのか、まずはこの視座を真摯に共有することが重要だと思う。つまり、自身の専門教科等の前に教育課程があり、さらにその前に子どもがいるっていう至極当たり前の構造を、教育課程について議論する際の大前提、議論に関わるすべての人の共通認識にしたい。

「それが理想だってことはわかるし、そうすべきだってこともわかる。でも、各教科の背後には『親学問』て奴があるじゃないか。そこには、さまざまな大人の都合もあるに違いない。なのに、そんなことが現実に可能なのかなあ」

たしかに難しいだろう。でも、実は二〇一七年版の学習指導要領改訂の作業において、教科等の前に教育課程があり、さらにその前に子どもがいるっていう考え方は、すでに明確に打ち出されていた。したがって、教育課程を巡る今後の議論に際しても、この考え方は基本的に踏襲されていくに違いない。では、具体的にどんな動きがあったのか、詳しく見てみることにしよう。

教科等別の議論の結果を綴じ合わせたものが教育課程になっていた可能性

従来の学習指導要領改訂では、当初の段階から教科等別の部会が立ち上げられ、教科等ごとに現状の分析を行い、課題を整理し、改善点を見出していくという流れで作業が進められてきた。もちろん、並行して教育課程全体を見渡しての作業も、そういった役割を担うことが期待されていた「総則」部会で行われてはいたんだけれど、その間にも教科等ごとに作業はどんどん進んでいくから、総則部会で提起された教育課程全体に関わる論点をしっかりと各教科等の議論に反映することは、決して容易ではなかっただろう。このような手順を採ってきた当然の帰結として、教科等ごとに独自に進められた改訂作業の結論を綴じ合わせたものが教育課程とほぼイコールになってしまうといったことも、あるいは少なからずあったかもしれない。

でも、それでは論理が逆転してしまう。学校教育が果たすべき役割は何か、まずはこのことが問われなくちゃいけない。もちろん、そこでは学校が存立している社会の現況と将来の予測なんかも含めて議論する必要があるだろう。

そして、次にはそのために子どもたちにどんな力を育成すべきか、つまり、目標論なり学力論が検討されるべきなんじゃないかなあ。

これらの議論が一定の決着を見てはじめて、じゃあ、そのような状態を実現するには何を教える必要があるのか、またどのような教え方が効果的なのか、つまり教育内容論や教育方法論について考えることが可能になるんだよ。

この「何を教えるのか」、子どもの側から見れば「何を学ぶのか」に当たる教育内容論が、従来の改訂作業における各教科等の部会の中心的な議題だった。すると、どうもこれまでの改訂では、教科等別に進められる教育内容に関する議論が、ほぼイコール教育課程に関する議論となっていた可能性があるんだ。そこでは、教育課程全体で、したがって学校教育全体として何を目指し、どのような戦略でそれを実現していくのかといった視点が、ともすれば希薄になりがちだったかもしれない。

言語活動の充実

この流れを大きく変えたのが、前回、二〇〇八年の学習指導要領改訂における「言語活動の充実」だった。当時の中央教育審議会は、別途設けられた「言語力育成協力者会議」の議論等を踏まえ、論理や思考などの知的活動、コミュニケーションや感性・情緒の基盤である言語活動を、子どもたちの思考力・判断力・表現力等を育成するための有効な手段と位置付け、その体系化・構造化を模索した。具体的には、思考力・判断力・表現力等を育むために重要な学習活動として、以下の六つを挙げている。

① 体験から感じ取ったことを表現する
② 事実を正確に理解し伝達する
③ 概念・法則・意図などを解釈し、説明したり活用したりする
④ 情報を分析・評価し、論述する
⑤ 課題について、構想を立て実践し、評価・改善する
⑥ 互いの考えを伝え合い、自らの考えや集団の考えを発展させる

そして、これらをいわば横軸として、各教科等の教育内容を構造的に改善するためのさまざまな提言が行われた（二〇〇八年一月一七日答申）。

まず、国語科では、内容事項に記録、説明、論述、討論といった「言語活動例」を示し、発達段階に応じて言語

に関する能力を高めるための指導が着実に行われるようにした。

他の各教科等においては、国語科で培った能力を基本に、知的活動の基盤という言語の役割の観点から、たとえば「観察・実験や社会見学のレポートにおいて、視点を明確にして、観察したり見学したりした事象の差異点や共通点をとらえて記録・報告する（理科、社会等）」「比較や分類、関連付けといった考えるための技法、帰納的な考え方や演繹的な考え方などを活用して説明する（算数・数学、理科等）」ことを重視する必要があるとされている。

また、コミュニケーションや感性・情緒の基盤という言語の役割に関しても、たとえば「体験から感じ取ったことを言葉や歌、絵、身体などを使って表現する（音楽、図画工作、美術、体育等）」「体験活動を振り返り、そこから学んだことを記述する（生活、特別活動等）」「討論・討議などにより意見の異なる人を説得したり、協同的に議論して集団としての意見をまとめたりする（道徳、特別活動等）」ことなどの重視を求めている。

このように、「言語活動の充実」は、各教科等の内容や特性に応じた言語活動を教育課程の中に体系的に位置付けて展開することにより、教育課程全体で思考力・判断力・表現力等を着実に育成する構造の確立を目指して進められた施策なんだよ。そこでは、二〇一七年版の学習指導要領改訂における「カリキュラム・マネジメント」でいう教科等横断的な視点が、すでに明確に意識されていたといっていいだろう。

教育課程企画特別部会

二〇一七年版の学習指導要領改訂では、前回改訂において「言語活動の充実」を生み出した理念なり思想、現状認識なり将来展望をさらに強力に推し進め、すべての学力側面に全面展開することが、当初から明確に意図されていた。そしてそのための具体的な方策として、検討作業の進め方それ自体を大きく変化させたんだ。

二〇一四年一一月二〇日、中央教育審議会に対し文部科学大臣から諮問が行われ、学習指導要領の改訂作業がスタートする。ところが、従来と異なり教科等別の部会、今回はワーキング・グループと呼ばれたんだけど、それらはすぐには立ち上げられなかった。多くのワーキング・グループが動き出したのは、改訂作業が始まってから一〇か月ほど経った二〇一五年の夏の終わり頃のことで、関係者は大いに気をもんでいたに違いない。

では、その間、どこで何をしていたかというと、教育課程企画特別部会だけが立ち上がり、それはもう精力的に議論を展開していた。

教育課程企画特別部会では、まず、二〇一七年版学習指導要領が運用の最終局面を迎える二〇三〇年の社会と、その社会に生き、さらにその先の社会を主体として創造していく子どもたちに育成を目指す資質・能力について徹底した検討を進めた。ここから、「社会に開かれた教育課程」という基本理念、また、育成を目指す「資質・能力の三つの柱」という学力論を基礎づける枠組みが導かれていく。

そして次に、そのような資質・能力を育成するには、どのような教育内容が必要であり、またふさわしいかが、現状や過去の経緯にとらわれることなく自由闊達に議論される。

いうまでもなく、そこでは教科等横断的な視点が常に意識されていた。つまり、「社会に開かれた教育課程」という理念を実現すべく、限られたリソースの枠内で子どもたちに「資質・能力の三つの柱」を豊かに、そして着実に育成するにはどうするのが最善かという問題意識を共有しながら、各教科等の内容について多角的に検討したんだ。

これにより、同じ教育内容について検討するにしても、教科等別の部会に分かれ、その中で議論するのとは、おのずから議論の在り方が大きく異なってきたに違いない。高等学校における「公共」「歴史総合」「理数探究」といった新しい発想に基づく科目の構想は、すべてこのような議論の中から生まれた。

また、すべての各教科等について、「資質・能力の三つの柱」の十全な育成を目指す観点から、「各教科等の特質に応じた『見方・考え方』」の明確化を求めると共に、これを内容編成や指導方法の在り方を検討する際の重要な拠り所とすることが考え出された。

加えて、資質・能力の育成に有効な教育方法の在り方についても、大臣諮問で言及のあった「アクティブ・ラーニング」を手がかりとして、また全国の先進的な実践事例などに基づき、かなり踏み込んだ検討が行われる。検討の過程において、「アクティブ・ラーニング」は「主体的・対話的で深い学び」として、その位置付けをより豊かに、より明確に、また初等・中等教育の特質や実情に沿うようさまざまな修正・発展が施されていった。

そして、すでに第一章でも述べたように、すべての議論の共通の基盤として人間の学習や知識に関する学術的な知見が大いに参照されたのも、教育課程企画特別部会における検討の、これまでにない大きな特徴といえるだろう。

学習する子どもの視点に立つ

このように、二〇一七年版の学習指導要領改訂では、従来の改訂とは大きく異なる検討の進め方を採用したわけなんだけど、このことについて、教育課程企画特別部会は二〇一五年八月二六日の「論点整理」において、次のように説明している。

「指導すべき個別の内容事項の検討に入る前に、まずは学習する子供の視点に立ち、教育課程全体や各教科等の学びを通じて『何ができるようになるのか』という観点から、育成すべき資質・能力を整理する必要がある。その上で、整理された資質・能力を育成するために『何を学ぶのか』という、必要な指導内容等を検討し、その内容を

『どのように学ぶのか』という、子供たちの具体的な学びの姿を考えながら構成していく必要がある」（論点整理、七～八頁）。

そして、この文の後に続くのが、第一章で何度も登場した「こうした検討の方向性を底支えするのは、『学ぶとはどのようなことか』『知識とは何か』といった、『学び』や『知識』等に関する科学的な知見の蓄積である」（同、八頁）という例の一文なんだ。

これが、ほぼ一〇か月にわたって教科等別の部会、今回でいうワーキング・グループが立ち上げられなかった理由なんだよ。

僕個人は、二〇一七年版の学習指導要領改訂を巡るすべての文書の中で、この部分がもっとも重要だって考えている。とりわけ、「まずは学習する子供の視点に立ち」という記述は大いに注目に値する。もちろん、子どもの教育のことを議論しているんだから、そんなことは当たり前だともいえる。でも、それが決して当たり前ではなかった点に、従来の教育課程政策や今日の学校教育を巡る深刻な問題がある。

実際、従来の教育課程に関する議論においては、ついつい教える大人の視点から、教科等ごとに子どもに身に付けさせたい知識・技能をリストアップすることに意識が集中しがちだった。でも、その知識・技能が子どもの中でどのように息づき、どのように彼らの人生を支えていくのか。そのことが明らかにならない限り、せっかく教えた知識・技能も「生きて働かない」「宝の持ち腐れ」学力に留まる危険性がある。

これを改めるためには、各教科等の前に教育課程があり、さらにその前に子どもがいるって構造にしなくちゃいけないんだ。そして、二〇一七年版の学習指導要領改訂では、作業の進め方をすっかり変えることで、その実現が目指された。今回、知識を巡ってその量と共に質に関する議論が盛んなのも、こういった原理の転換と密接な関係がある。

また、子どもの視点に立って教育課程の在り方を見直したからこそ、「何ができるようになるか」という目標論＝学力論を上位に置き、「何を学ぶのか」という教育内容論と「どのように学ぶのか」という教育方法論を、その目的実現の手段として位置付ける構造が現出した。はじめに在来の「教科ありき」ではなく、また「内容」の習得それ自体が教育の最終目標でもないことを言明した点に、これまでにはない新しさがあるといえるだろう。

さらに、すべての検討を、まずは学習する子どもの視点に立って進めることにしたからこそ、子どもたちが「学ぶとはどのようなことか」、そこで学ばれる「知識とは何か」をこれまで以上に深く問う必要が切実に生じた。だからこそ、「学び」や「知識」等に関する科学的な知見がより精緻に、また広範囲に渡って参照されるようになったんだ。

このように、二〇一七年版の学習指導要領改訂は、徹頭徹尾「学習する子供の視点に立つ」ことを原理として進められた。この考え方は今後の教育課程に関する議論の中でも踏襲されるだろうし、踏襲されるべきだと僕は思う。そして、こういった動きをさらに強力に推し進めていくならば、八〇年も前から学校教育を巡る屈指の難問とされてきたカリキュラム・オーバーロードだって、もちろん時間はかかるんだろうけど、少しずつ改善の方向へと歩み出すことができるんじゃないかなあ。

それでもなお、教科等の専門家や教科等を基礎付けている「親学問」に関わる人の中には、頑迷に議論に応じようとしない人も出てくるかもしれない。そういった人が、「他の教科のことや教育課程全体でどうなのかといったことは、専門じゃないからよくわからないけれど、とにかくこの内容は価値あるものだから、子どもには教えるべきなんだ」といった主張を粘り強く、また数を頼んで繰り返すことは、僕にだって容易に想像がつく。

でも、それはいい試金石になるだろう。つまり、子どものためなんていいながら、そういう人は自分の教科等や学問のこと、さらにはそれによる自分たちの社会的、権力的な立場の保全しか考えていないんだよ。

あるいは、百歩譲って、本当に自分が専門とする教科等のことしかわからないし、だからこそ、むしろ謙虚で誠実であろうとした結果、先のような物言いなり発想になるのかもしれない。でも、それでは困るんだ。教育課程の議論に参加している以上、特定の教科等の専門家であっても、教育課程全体のこと、あるいはそれを通しての子どものトータルな学びなり育ちに重大な関心をもち、一定の責任を負ってほしい。

次の学習指導要領改訂の際には、そんな状況の実現が望まれるし、僕個人は不可欠な要件であり、最優先で目指すべき課題だとも考えている。この国の教育課程が本当に子どものためのものになるかは、カリキュラム・オーバーロードという難問をどこまで、またどのように解消できるかにかかっていると、僕は思う。そしてそれは、この国の人々が、どこまで子どものことを大切に思っているかを、奇しくも表すことになるだろう。

大人の都合よりも子どもの都合を優先する教育の実現に向けて、この国の教育は、ゆっくりではあるけれど、着実に動き出している。越えなきゃいけない山はまだまだたくさんあるんだろうけれど、子どものことを大切に思うみんなの力で、この動きをさらに少しでも先へと進めようじゃないか。

［著者紹介］

奈須正裕（なす・まさひろ）

上智大学総合人間科学部教育学科教授。博士（教育学）。1961年徳島県生まれ。徳島大学教育学部卒、東京学芸大学大学院、東京大学大学院修了。神奈川大学助教授、国立教育研究所室長、立教大学教授などを経て現職。中央教育審議会初等中等教育分科会教育課程部会委員。主な著書に『子どもと創る授業』（ぎょうせい）、『「資質・能力」と学びのメカニズム』（東洋館出版社）、など。編著に『新しい学びの潮流（全５巻）』（ぎょうせい）、『教科の本質から迫るコンピテンシー・ベイスの授業づくり』（図書文化社）、『教科の本質を見据えたコンピテンシー・ベイスの授業づくりガイドブック』（明治図書）など。

次代の学びを創る知恵とワザ

令和２年２月５日　第１刷発行
令和３年９月１日　第４刷発行

著者　**奈須正裕**
発行　株式会社ぎょうせい
〒136-8575　東京都江東区新木場１-18-11
URL：https://gyosei.jp

フリーコール　0120-953-431
ぎょうせい　お問い合わせ　検索　https://gyosei.jp/inquiry/

〈検印省略〉

印刷　ぎょうせいデジタル株式会社

ISBN978-4-324-10769-0
（5108584-00-000）
〔略号：次代の学び〕